Comprendre les migraines

Dr Anne MacGregor

MODUS VIVENDI

IMPORTANT
Ce livre ne vise pas à remplacer les conseils médicaux personnalisés, mais plutôt à les compléter et à aider les patients à mieux comprendre leur problème.

Avant d'entreprendre toute forme de traitement, vous devriez toujours consulter votre médecin.

Il est également important de souligner que la médecine évolue rapidement et que certains des renseignements sur les médicaments et les traitements contenus dans ce livre pourraient rapidement devenir dépassés.

Paru sous le titre original de : *Understanding Migraine & Other Headaches*

LES PUBLICATIONS MODUS VIVENDI INC.
55, rue Jean-Talon Ouest, 2e étage
Montréal (Québec) Canada H2R 2W8

Directeur général : Marc alain
Design de la couverture : Catherine Houle
Infographie : Transmédia
Traduit de l'anglais par : Renée Boileau

ISBN-10 2-89523-438-8
ISBN-13 978-2-89523-438-8

Dépôt légal - Bibliothèque et Archives nationales du Québec, 2006
Dépôt légal - Bibliothèque et archives Canada, 2006

Nous reconnaissons l'aide financière du gouvernement du Canada par l'entremise du Programme d'aide au développement de l'industrie de l'édition (PADIÉ) pour nos activités d'édition.

Gouvernement du Québec — Programme de crédit d'impôt pour l'édition de livres — Gestion SODEC

Table des matières

L'auteure

Le **Dr Anne MacGregor** travaille en médecine de la reproduction et en santé sexuelle à l'hôpital St. Bartholomew. Elle est médecin enseignant pour la Family Planning and Reproductive Medicine. Elle est également directrice de la recherche clinique à la City of London Migraine Clinic.

Introduction aux céphalées courantes

Moins de 2 % de la population déclarent n'avoir jamais souffert de céphalées. Pour la plupart de ceux qui restent, les céphalées sont plutôt rares, heureusement, et la cause est généralement évidente, qu'il s'agisse d'un excès d'alcool, d'une douleur profonde au-dessus des yeux provenant d'une sinusite ou d'une douleur pulsatile dans la joue provenant d'une infection dentaire.

D'autres céphalées n'ont pas de cause évidente et si elles sont fréquentes et graves, elles peuvent susciter de fortes inquiétudes. Bien que les médecins considèrent la migraine et l'algie vasculaire de la face (voir p. 4-5) comme des états bénins, ils peuvent sembler très graves pour la personne qui en souffre et se trouve très handicapée lors des accès de migraine. De plus, la crainte même d'un accès peut avoir une incidence sur sa capacité à mener une vie normale.

Ce livre a été conçu en vue d'aider toute personne qui souffre de céphalée à trouver des moyens en vue de réduire la fréquence et la gravité des accès et d'améliorer sa qualité de vie. Si vous êtes prédisposé aux céphalées, ce livre vous aidera à comprendre ce qui déclenche vos symptômes et comment mieux les combattre.

Il y a des chapitres sur les déclencheurs de la migraine et sur la façon de vivre avec la migraine, de même que sur d'autres types de céphalées comme la céphalée chronique quotidienne. Les chapitres sur les céphalées chez les femmes, les enfants et les personnes âgées mettent en évidence les causes courantes des céphalées pour ces groupes précis, et proposent des solutions pratiques pour soulager les symptômes.

Ce livre n'est pas conçu pour vous aider à diagnostiquer vos céphalées.

L'information présentée dans ce livre ne peut remplacer les conseils d'un médecin ou d'un spécialiste, qui sera en mesure de confirmer le diagnostic soupçonné et de donner des conseils avisés pour votre cas particulier. Bien sûr, si la nature de vos céphalées est incertaine, si la fréquence des accès augmente ou qu'ils sont plus graves, s'il y a un changement dans vos symptômes, vous devez consulter un médecin sans tarder. Les céphalées graves ont rarement une origine dramatique, comme une tumeur au cerveau ou un accident vasculaire cérébral (AVC). Néanmoins, ces causes doivent être écartées avant de pouvoir confirmer la probabilité d'une migraine.

Reconnaître votre céphalée

Chaque céphalée a son propre profil de symptômes. Le tableau des pages 4 et 5 montre les profils de symptômes habituels des types les plus courants de céphalées. Comme il n'existe aucun test de diagnostic pour la plupart des types courants de céphalées, écouter les patients est habituellement la seule façon pour un médecin de poser des diagnostics. Ces céphalées non migraineuses sont expliquées en détail dans les chapitres qui suivent.

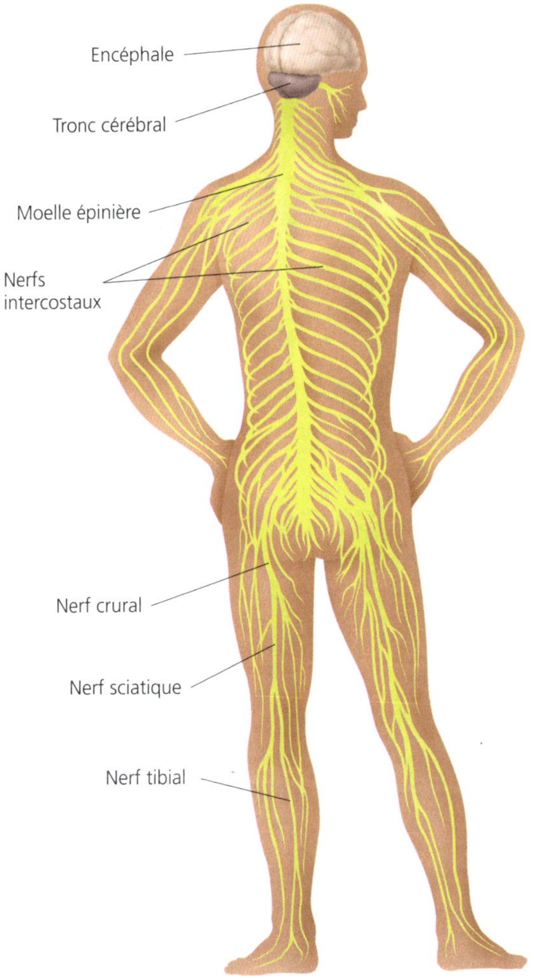

L'encéphale et la moelle épinière forment le système nerveux central (SNC). L'encéphale exécute de nombreuses fonctions complexes. Par exemple, il est la source de notre conscience, de notre intelligence et de notre créativité. Il surveille et contrôle la plupart des processus organiques, en passant par le système nerveux périphérique (SNP), allant des fonctions automatiques comme la respiration aux activités volontaires complexes comme de monter à vélo.

Caractéristiques des types les plus courants de céphalées

Caractéristiques	Migraine	Céphalée par contraction musculaire
Âge à l'apparition des céphalées	Enfance/adolescence/ vingtaine	À tout âge mais rarement au cours de l'enfance
Fréquence des céphalées	Épisodique : en moyenne un ou deux accès par mois mais très variable	Épisodique ou quotidienne
Durée des céphalées	Une partie de la journée jusqu'à trois jours	Heures à semaines
Principaux symptômes	Souvent unilatérale – Grave – Pulsatile	Localisée – Sensible à la pression
Symptômes associés	Nausée – Vomissements – Photophobie (intolérance à la lumière intense) – Malaise général	Cou et muscles des épaules douloureux à la pression
Humeur pendant la céphalée	Habituellement normale, mais peut être associée à la dépression	Normale
Santé générale	Bonne	Bonne
À quelle fréquence a-t-on recours aux médicaments pour traiter les symptômes ?	Épisodique	Épisodique
Effet des médicaments	Le bon médicament soulage habituellement	Soulagement en 20 à 30 minutes

Céphalée de tension	Céphalée chronique quotidienne	Algie vasculaire de la face (rare)
À tout âge	Trentaine/quarantaine	Trentaine
Habituellement quotidienne	Quotidienne	Épisodique : un ou deux accès en moyenne par jour pendant six semaines. Chronique : en moyenne un ou deux accès par jour
Continue	Continue	30 minutes à 2 heures
Pression partout – Bandeau autour de la tête – Poids sur la tête	Partout – Diffuse et sourde – Il peut y avoir des accès de migraine en plus	Unilatérale, centrée sur un œil
Bénins	Bénins, sauf si accès de migraine en plus	Côté atteint : œil et nez qui coulent – Côté atteint : œil rougit.
Déprimée	À plat et « refoulée »	Normale
Malaise général	Malaise général	Normale, mais la personne fume souvent ou a des antécédents de tabagisme
Fréquemment ou quotidiennement	Jamais ou quotidiennement, en particulier si elle est associée à un abus médicamenteux	Épisodique
Soulagement minimal	Soulagement minimal	Le bon médicament soulage habituellement

POINTS CLÉS

- Les céphalées graves ont rarement une origine dramatique.
- Chaque céphalée a son propre profil de symptômes particuliers.

Les différents types de migraines

Qu'est-ce que la migraine ?

Le nom « migraine » est dérivé du mot « hémicrânie », qui signifie céphalée d'un côté, bien qu'une céphalée migraineuse puisse être généralisée. On la décrit souvent comme une douleur pulsatile qui devient plus intense lors d'une activité physique. La migraine ne met pas la vie en danger, bien que la douleur puisse être si intense qu'on puisse en avoir l'impression.

Néanmoins, la migraine est plus qu'une céphalée et la céphalée n'est pas nécessairement le symptôme le plus important. Certains accès sont précédés de troubles de la vue. Parmi les autres symptômes typiques, notons la nausée, les vomissements et la sensibilité à la lumière, au bruit et aux odeurs. De nombreuses victimes de migraines ne peuvent tolérer l'idée même de la nourriture, alors que d'autres y trouvent juste ce qu'il faut pour calmer leur nausée.

La migraine est semblable à une panne de courant. Pendant une migraine, tout votre corps peut sembler « hors service » jusqu'à ce que l'accès soit passé. La léthargie (un manque d'énergie) est un symptôme courant et tout travail semble deux fois plus long, si même on parvient à le faire. Votre estomac peut cesser de fonctionner normalement, ce qui rend plus difficile l'absorption des médicaments dans le sang, en particulier si la thérapie est retardée.

De nombreuses personnes doivent s'étendre dans une pièce sombre, sans bruits, jusqu'à ce que l'accès soit passé. Si les médicaments sont sans effet, il est possible qu'avec une bonne sieste les symptômes s'atténuent. D'autres sont soulagées par les vomissements. La migraine peut durer de quatre heures à trois jours, avec une absence complète de symptômes entre les accès.

Qui souffre de migraine ?

Selon une estimation prudente, la migraine affecte environ 10 à 12 % des gens à un certain moment de leur vie.

Au Royaume-Uni, cela représente environ six millions de personnes, mais il est difficile de donner un chiffre précis, car certaines personnes peuvent avoir seulement trois ou quatre accès dans leur vie, sans la reconnaître.

Sexe

La migraine affecte plus de femmes que d'hommes dans une proportion de trois pour un. Cette différence est due aux changements hormonaux chez les femmes, ce qui explique le fait que, jusqu'à la puberté, la migraine est également prévalente chez les garçons et les filles.

Au cours d'une vaste enquête, les chercheurs ont découvert que 8 % des hommes et 25 % des femmes avaient déjà eu une céphalée montrant des signes de migraine à un certain moment de leur vie.

Souffrez-vous de migraine ?

- Souffrez-vous de céphalées qui durent entre 4 et 72 heures ?

Pendant la céphalée

- Est-ce que la douleur est habituellement d'un seul côté ou pulsatile ?
- Vous sentez-vous malade ou vomissez-vous ?
- Est-ce que la lumière ou les bruits vous dérangent ?
- Avez-vous de la difficulté à vous concentrer ?
- Devez-vous quelquefois vous arrêter et vous asseoir ou vous étendre ?
- Est-ce que votre santé est bonne, en général, entre ces accès ?

Si vous répondez « oui » à la plupart de ces questions, vous souffrez probablement de migraine.

Âge

Au moins 90 % des personnes qui souffrent de migraine ont leur premier accès avant l'âge de 40 ans. Pour la plupart des gens, la migraine apparaît au cours de l'adolescence ou au début de la vingtaine, bien qu'elle ait été diagnostiquée chez les jeunes enfants, et même les bébés. Il est rare que des gens de 50 ans et plus éprouvent un premier accès de migraine, bien qu'elle puisse réapparaître à cet âge, après de nombreuses années de répit.

Même si vos migraines commencent lorsque vous êtes jeune, elles ne deviennent un problème que plus tard dans la vie, lorsque les accès sont plus fréquents.

Des études ont révélé que les femmes sont plus à risque, surtout lorsqu'elles atteignent la trentaine ou la quarantaine. Chez les hommes, le profil est assez uniforme tout au long de leur vie. En général, sauf pour quelques-uns, la migraine s'atténue dans la quarantaine pour les deux sexes.

Quels sont les différents types de migraines ?

Les deux plus fréquents se distinguent par la présence ou l'absence d'une aura, un ensemble de symptômes neurologiques qui précèdent la céphalée, le plus souvent visuels (voir ci-dessous).

Pour 70 à 80 % des migraineux (gens qui souffrent de migraines), les accès de migraine ne sont pas accompagnés d'aura (auparavant appelée migraine commune); 10 % souffrent de migraine avec aura (auparavant appelée migraine classique); 15 à 20 % souffrent des deux types, alors que moins de 1 % des accès sont des auras seulement, sans la céphalée. Il existe d'autres types de migraines extrêmement rares (voir p. 19).

Quels sont les symptômes de la migraine ?

La migraine est plus qu'une simple céphalée. Vous pouvez avoir l'impression d'une « panne de courant » – votre corps semble cesser de fonctionner pendant un moment et vous voulez disparaître. Pendant les accès, votre sensibilité à la lumière, aux sons et aux odeurs peut être accrue, vous n'avez pas faim, vous avez la nausée ou vous vomissez, vous ne pouvez vous concentrer et, en général, vous vous sentez très mal. Ces symptômes peuvent vous affecter davantage que la céphalée elle-même.

En fait, on peut diviser la céphalée en cinq phases :

1 prémonitoire (signes précurseurs);
2 aura;
3 céphalée;
4 résolution des symptômes;
5 postdromique (rétablissement).

La phase prémonitoire

Les deux tiers des migraineux éprouvent ces signes prémonitoires, sans toutefois les reconnaître, car ils ne savent pas quoi surveiller. Ces symptômes comprennent des changements très subtils dans votre humeur ou dans votre comportement, qui peuvent sembler plus évidents pour vos amis ou votre famille que pour vous. Parmi ceux-ci, notons :

- changements d'humeur : irritabilité, sentiment d'euphorie ou moral bas;
- changements de comportement : hyperactivité, obsession, maladresse, léthargie;
- symptômes neurologiques : fatigue ou bâillements, difficulté à trouver les bons mots, intolérance à la lumière et aux sons, difficulté à fixer le regard;
- symptômes musculaires : douleurs généralisées;
- symptômes digestifs : nausée, envie de certains aliments particuliers (souvent sucrés), dédain de la nourriture, constipation ou diarrhée;
- changements dans l'équilibre des liquides : soif, mictions plus fréquentes ou rétention d'eau.

On prend parfois par erreur les conséquences de ces symptômes pour des déclencheurs. Par exemple, si vous avez envie de chocolat, que vous en mangez et que vous vous éveillez le matin avec une migraine, ce n'est pas nécessairement le chocolat qui a déclenché la migraine. Il est plus probable que l'envie elle-même soit le symptôme d'un processus déjà amorcé. En général, les symptômes prémonitoires se manifestent d'abord subtilement puis se développent sur une période de 24 heures avant le début de la céphalée.

L'aura

De nombreuses personnes, y compris les médecins, croient à tort qu'il ne peut s'agir d'une migraine s'il n'y a pas d'aura. Pourtant, seulement 20 à 30 % de tous les accès de migraine sont accompagnés d'une aura. Parmi les gens qui ont des accès avec aura, la plupart ont aussi des accès sans aura. Dans un cas comme dans l'autre, les céphalées sont semblables. Néanmoins, de nombreuses personnes atteintes ne réalisent pas que même en l'absence d'une aura, il s'agit bien d'une migraine.

L'aura peut affecter la vue et, moins couramment, les sensations ou la parole. Lorsque l'aura se manifeste par plusieurs symptômes, en général ils apparaissent l'un après l'autre. Il peut y avoir un intervalle allant jusqu'à une heure entre la fin de l'aura et le début de la céphalée. La plupart des gens rapportent qu'ils se sentent un peu « perdus » pendant cette période.

Les troubles de la vue sont les symptômes les plus courants et peuvent prendre plusieurs formes. En voici une description typique : « ... je vois des zigzags brillants et je perds une partie de mon champ de vision pendant cette période, tout cela avant la douleur à la tête. Cela dure environ 20 à 45 minutes. Puis ma vision se rétablit au moment où les douleurs commencent. »

Parmi les autres symptômes visuels, notons :

- la tache aveugle : allant d'une partie d'une lettre qui manque sur une page, qui semble être une coquille, à l'absence du menton de quelqu'un ou à l'absence de la moitié de votre champ visuel, jusqu'à des lignes scintillantes autour des objets;
- l'impression de voir à travers un miroir brisé;
- la difficulté à fixer le regard : vous semblez voir plutôt ce qui se trouve sous l'objet;
- les lumières clignotantes.

Les zigzags de la première description sont connus sous le nom de *fortifications à la Vauban* (en raison de leur ressemblance avec le plan d'un château médiéval) et ils commencent habituellement par un petit point dans le champ visuel, qui grossit progressivement et s'entoure d'une frange scintillante, laissant une petite tache aveugle dans son sillage (*scotome scintillant*).

En général, la phase d'aura dure de 5 à 60 minutes du début à la fin. Bien qu'ils puissent sembler n'affecter qu'un œil, les symptômes affectent les deux yeux. Vous le constaterez en fermant les yeux ou en couvrant l'œil qui semble atteint.

Les perturbations de sensations sont moins courantes. Elles se produisent presque toujours avec les symptômes visuels et constituent rarement la seule manifestation de l'aura. Parmi les troubles courants des sens, notons les picotements, qui commencent dans les doigts d'une main puis montent le long du bras pour affecter un côté du visage ou de la langue. Il est rare que vos jambes soient touchées.

Cette illustration montre l'interprétation d'un migraineux de ce qu'il voit à la phase de l'aura lors d'un accès de migraine. L'aura précède l'apparition de la céphalée.

La difficulté à trouver les bons mots, la dysphasie, peut d'abord se manifester comme une aura, mais elle persiste tout au long de la migraine.

Un migraineux parle de « perte de mémoire des mots » (n'importe quel mot), de l'incapacité de faire des phrases ou de distinguer les lettres des chiffres.

La céphalée

Cette phase peut durer jusqu'à trois jours. Elle est souvent d'un côté et pulsatile, mais elle peut affecter les deux côtés de la tête. Elle peut se manifester du même côté que l'aura ou du côté opposé, lorsqu'il y a eu une aura. Le mouvement aggrave la douleur et celle-ci est très intense, vous devrez peut-être vous allonger ou vous asseoir sans bouger. Néanmoins, la céphalée n'est qu'un des symptômes de cette phase de la migraine.

Un migraineux la décrit comme suit : « La douleur à la tête dure environ 18 heures. Je sens des coups dans la tête et j'ai l'impression qu'une perceuse perce des trous dans mon cerveau. Quelquefois, les coups sont si forts que j'ai peur que ma tête explose, même si je sais que c'est impossible. Les muscles de mon cou et de mes épaules sont très douloureux à la pression et je n'arrive même pas à me peigner. Même la lumière normale me fait mal aux yeux et j'ai la nausée, bien que je ne sois pas aussi malade que par le passé. Habituellement, j'ai très froid au début d'un accès et plus tard, j'ai très chaud. Je deviens très irritable et déprimé. »

Les symptômes les plus courants au cours de cette phase sont la nausée, les vomissements et la sensibilité à la lumière, aux sons et aux odeurs. Certains sont incapables de tolérer même l'idée de la nourriture alors qu'elle apporte un soulagement à d'autres, en particulier les féculents (par exemple le pain ou les pâtes). Quelquefois, les symptômes sont plus pénibles et causent plus de problèmes que la céphalée elle-même. Par exemple, un patient décrit un sentiment de « confusion totale et de désorientation – le moment le plus pénible de mes accès de migraine ». Pour d'autres, la nausée continuelle et les vomissements à répétition sont les pires aspects de la migraine.

La résolution des symptômes

Les accès se terminent de façon très variable. Vous remarquerez peut-être que si vous parvenez à maîtriser suffisamment vos symptômes pour dormir un peu, vous vous sentez beaucoup mieux au réveil. Néanmoins, tous n'obtiennent pas les effets réparateurs du sommeil. Les enfants trouvent souvent qu'ils vont beaucoup mieux après avoir été malades, souvent avec des résultats qui semblent tenir du miracle. Certains sont soulagés par des médicaments efficaces. Rien n'y fait pour quelques personnes et elles doivent tout simplement attendre que l'accès passe.

Le rétablissement

Une fois la céphalée passée, vous pouvez vous sentir vidé pendant environ 24 heures. Certains décrivent ce sentiment comme s'ils avaient été « passés au tordeur » alors que d'autres se sentent très énergiques et même euphoriques.

Entre les accès

Si la personne ne souffre que de migraine, sa réponse à la question « Comment vous sentez-vous entre les accès ? » est « Bien ». Par contre, si les symptômes perdurent entre les accès, ou si vous avez d'autres problèmes médicaux, il est important d'en parler à votre médecin afin qu'il ou elle en détermine la raison.

La fréquence des accès

La migraine n'est pas un état stationnaire. La fréquence des attaques peut varier considérablement avec le temps pour une personne. Vous pouvez avoir un ou deux accès par mois pendant une période difficile, alors que les plus malchanceux en subissent un par semaine. Par la suite, il peut s'écouler plusieurs mois ou même des années avant un autre accès, souvent sans raison apparente.

Un point important à signaler est que la vraie migraine ne se produit pas tous les jours. Il semble que, après un accès massif de migraine, il y ait une période de quelques jours pendant laquelle, peu importe ce que vous faites, vous ne pouvez déclencher un accès. Les migraineux peuvent souffrir d'autres types de céphalées, dont certaines se produisent tous les jours.

Bien qu'en général ces symptômes quotidiens ne soient pas graves, la fréquence ou la gravité de la migraine augmente souvent et devient difficile à gérer.

L'évolution de la migraine

En général, chez les enfants, les accès sont intenses et ne durent que quelques heures. Avec l'âge, les accès tendent à se prolonger, mais ils perdent de leur intensité. Au cours de la vie adulte, la fréquence varie considérablement avec le temps. De nombreuses personnes connaissent des périodes de répit qui peuvent durer pendant plusieurs années, de même que des moments où les accès sont plus rares.

Outre la fréquence et la durée, les symptômes peuvent aussi évoluer. Vous pouvez passer des migraines avec aura aux migraines sans aura et inversement. L'aura apparaît souvent au cours de l'enfance, mais elle tend à disparaître pendant de nombreuses années avant de réapparaître plus tard dans la vie, accompagnée cette fois d'une céphalée.

Les changements hormonaux, pendant la grossesse par exemple, l'usage de contraceptifs oraux ou un traitement hormonal substitutif (THS) ont un effet très variable sur la migraine.

Chez certaines personnes, cet effet est bienfaisant alors que chez d'autres, la migraine sans aura devient une migraine avec aura. La fréquence de même que la gravité des accès peuvent augmenter. Lorsque votre niveau hormonal redevient normal (ou naturel), la migraine retourne au type précédent, bien que les accès puissent demeurer plus fréquents.

Les craintes

Un accès de migraine peut être très angoissant. Si vous éprouvez des troubles de la vue, vous pouvez craindre de perdre la vue de façon permanente. De nombreuses personnes craignent que leur migraine soit le symptôme d'un AVC ou d'une tumeur au cerveau. Heureusement, ces causes sont rares et vous éprouveriez également d'autres symptômes comme de l'instabilité ou la faiblesse d'un membre, plutôt qu'une céphalée.

Bien que les symptômes puissent être troublants, ils ne constituent pas une menace pour la vie et vous retrouverez votre état normal entre les accès. C'est le cas pour les migraineux; ils oublient à quel point ils ont souffert jusqu'au nouvel accès. Pour d'autres, la crainte d'un prochain accès peut les mener à l'isolement et même à l'incapacité de travailler.

Autres types de migraines

Les migraines avec aura sans céphalée

Si vous souffrez de migraines avec aura depuis de nombreuses années, il est possible que l'intensité des céphalées s'atténue ou qu'elles cessent tout à fait. On appelle ces accès « migraines avec aura sans céphalée ». Il est rare que les accès n'aient jamais été accompagnés de céphalée. Si vous avez plus de 50 ans, que vous n'avez jamais souffert de migraine et que vous développez une aura pour la première fois, consultez votre médecin. On doit écarter les autres causes médicales qui pourraient provoquer les mêmes symptômes.

Status migrainosus

On utilise ce terme pour décrire les accès de migraine qui peuvent se prolongent au-delà de la norme des 72 heures généralement observée. Quelquefois, cela peut entraîner une céphalée par contraction musculaire (voir p. 122) qui se développe à partir de la douleur à la pression des muscles du cou et des épaules causée par la migraine.

On peut reconnaître le *status migrainosus* lorsque les symptômes habituels, la nausée et la sensibilité à la lumière, disparaissent après quelques jours mais que la céphalée persiste. En général, les anti-inflammatoires comme l'acide acétylsalicylique (Aspirin) ou l'ibuprofène soulagent les symptômes. S'ils persistent, consultez votre médecin.

Quelques personnes prennent des médicaments comme les triptans (voir p. 65) et obtiennent un soulagement efficace dès le premier jour, mais l'accès revient le jour suivant. Une deuxième dose de triptan est efficace, bien que le même phénomène puisse se reproduire pendant plusieurs jours. Cela est plus courant chez les migraineux dont les accès durent habituellement deux ou trois jours, et surtout chez les femmes qui souffrent de migraine autour du moment de leurs règles.

Les types rares de migraines

Il en existe plusieurs types, considérés comme des variantes, mais leur lien avec la migraine fait l'objet de controverses et ils sont extrêmement rares. En outre, les termes sont souvent utilisés à tort, alors il est important de faire confirmer le diagnostic par un médecin ou un spécialiste. Les types de migraines rares comprennent : la migraine de types basilaire, hémiplégique, ophtalmoplégique, rétinienne et l'infarctus migraineux.

La migraine de type basilaire

Parmi ses symptômes, contrôlés par une partie du cerveau, le tronc cérébral, mentionnons la difficulté à articuler les mots, le vertige (impression que les objets environnants ne cessent de bouger), l'acouphène, la diplopie et l'instabilité, en plus des symptômes courants de l'aura.

Les accès graves peuvent provoquer une perte de connaissance ou même une syncope, ce qui peut être très angoissant. Ces symptômes peuvent durer jusqu'à 60 minutes et sont suivis d'une céphalée typique.

Néanmoins, les mêmes symptômes peuvent se produire lorsque l'anxiété ou la crainte d'un accès entraîne de l'hyperventilation. Ils cessent lorsque le sujet respire doucement dans un sac de papier, ce qui rétablit l'équilibre de l'oxygène et du dioxyde de carbone dans tout l'organisme.

La migraine hémiplégique

Dans ce type de migraine, les accès avec aura sont associés à la faiblesse ou à la paralysie de tout un côté du corps, touchant à la fois le bras et la jambe. Elle persiste tout au long de l'accès, quelquefois pendant plusieurs jours, jusqu'à ce que la céphalée s'estompe. Le côté opposé peut être touché lors des accès suivants. Lorsqu'il y a des antécédents familiaux d'accès identiques, on l'appelle migraine hémiplégique familiale.

La migraine ophtalmoplégique

Elle est extrêmement rare. La céphalée est associée à la paralysie unilatérale d'un ou de plusieurs nerfs qui contrôlent les muscles responsables du mouvement de l'œil. Les symptômes doivent être étudiés, car on n'a trouvé aucune cause sous-jacente qui prouve qu'ils résultent de la migraine.

La paralysie peut toucher un côté lors d'un accès et l'autre au cours de l'accès suivant. Les épisodes se produisent très rarement, à un intervalle de plusieurs mois.

La migraine rétinienne

Ces accès de tache aveugle (voir p. 12) affectent la vue dans un seul œil et sont associés à une céphalée. Si on examine l'œil avec un ophtalmoscope (un instrument qui voit l'intérieur de l'œil), on constate qu'il est normal entre les accès.

L'infarctus migraineux

Un infarctus est la mort d'un tissu en raison d'un apport sanguin insuffisant. On a signalé des symptômes allant des taches mortes permanentes dans un œil à un accès complet (voir « Les craintes » p. 18), suivant les accès de migraine, mais ils sont très rares. Il est difficile d'établir un lien direct, car d'autres causes de ces événements peuvent coexister avec la migraine. On envisage un diagnostic d'infarctus migraineux seulement si l'infarctus se produit au cours d'un accès typique de migraine plutôt qu'en tout autre temps.

Qu'arrive-t-il à votre cerveau et à votre organisme au cours d'une migraine ?

Pourquoi certaines personnes souffrent-elles de migraines et d'autres non ?

On croit que les gens qui souffrent fréquemment de migraines ont un cerveau « hyperexcitable », ce qui signifie qu'ils sont beaucoup plus sensibles aux stimulus; ce qui n'est pas le cas pour les gens qui ne sont pas sujets aux migraines. Cette sensibilité, peut-être en partie génétique, influence le seuil de déclenchement des accès.

Que se produit-il dans le cerveau au cours d'une migraine ?

Pendant des siècles, on a cru que la migraine avec aura était causée par la constriction des vaisseaux sanguins dans la partie du cerveau située à l'arrière de la tête, responsable des processus visuels, le cortex visuel. On croyait que la céphalée résultait de l'enflure subséquente des vaisseaux sanguins de l'encéphale. Depuis peu, on comprend mieux les événements sous-jacents et on croit que les changements dans les vaisseaux sanguins sont secondaires à des changements plus importants dans la chimie du cerveau.

L'un des produits chimiques libérés dans le cerveau est la sérotonine. Son nom chimique est 5-hydroxytryptamine ou 5-HT. On croit qu'elle joue un rôle majeur dans le processus de la migraine à cause de ses effets puissants sur la taille des vaisseaux sanguins. Elle favorise la coagulation sanguine en agglutinant les plaquettes (composant cellulaire du sang). En tout, 90 % de la sérotonine est concentrée dans l'intestin, où elle contribue au contrôle des sucs digestifs et de la motilité intestinale, alors qu'on en trouve de 2 à 8 % dans le cerveau.

Les symptômes prémonitoires

Les déclencheurs comme le stress, les lumières vives, les règles, la déshydratation ou d'autres facteurs semblent activer des centres précis du tronc cérébral, la région à la base du cerveau, près de la moelle épinière. Ils entraînent l'élévation des niveaux de substances chimiques comme la sérotonine, perturbant le fonctionnement normal de l'hypothalamus. Cet organe est probablement responsable des signes et symptômes

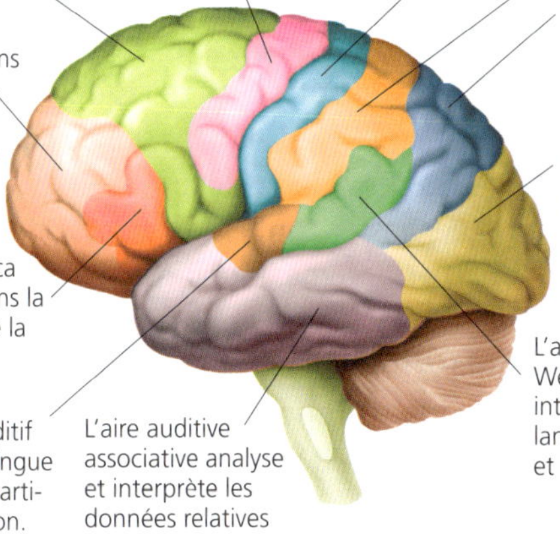

Les différentes régions du cortex cérébral remplissent des fonctions précises. Auparavant, on croyait que la migraine avec aura était causée par la constriction des vaisseaux sanguins du cortex visuel à l'arrière du cerveau.

prémonitoires de la migraine comme les changements d'humeur, les envies de certains aliments, la somnolence, la soif et les bâillements. Ils peuvent se produire plusieurs heures ou même une journée avant les douleurs de la céphalée.

La migraine avec aura

On a fait valoir que la constriction de ses vaisseaux sanguins déclenchait d'autres changements dans l'activité du cerveau : c'est la dépression corticale propagée (DCP).

Il s'agit d'une onde d'activité électrique qui se propage à la surface de l'encéphale à une vitesse d'environ trois millimètres par minute, semblable à la vitesse de développement de l'aura visuelle. Par conséquent, la DCP est associée à la migraine avec aura.

La céphalée migraineuse

On croit qu'elle résulte de l'enflure des vaisseaux sanguins à l'extérieur de l'encéphale, les artères méningées. Les vaisseaux enflés libèrent des agents inflammatoires, les neuropeptides, qui irritent les nerfs environnants. Cela active les nerfs, qui envoient des signaux de douleur au ganglion de Gasser, situé juste au-dessus du palais.

Le ganglion de Gasser contient un agrégat compact de neurones du nerf trijumeau qui reçoit des signaux sur l'état de l'encéphale.

Il transmet les stimulus sensoriels du visage, des dents et de la langue à l'encéphale. Lorsqu'il est activé, le trijumeau transmet les impulsions de douleur au ganglion de Gasser dans le tronc cérébral, qui relaie ces impulsions au thalamus, situé en profondeur dans le tronc cérébral. Le thalamus constitue une station d'acheminement pour les impulsions sensorielles provenant de la vue, de l'ouïe et du toucher.

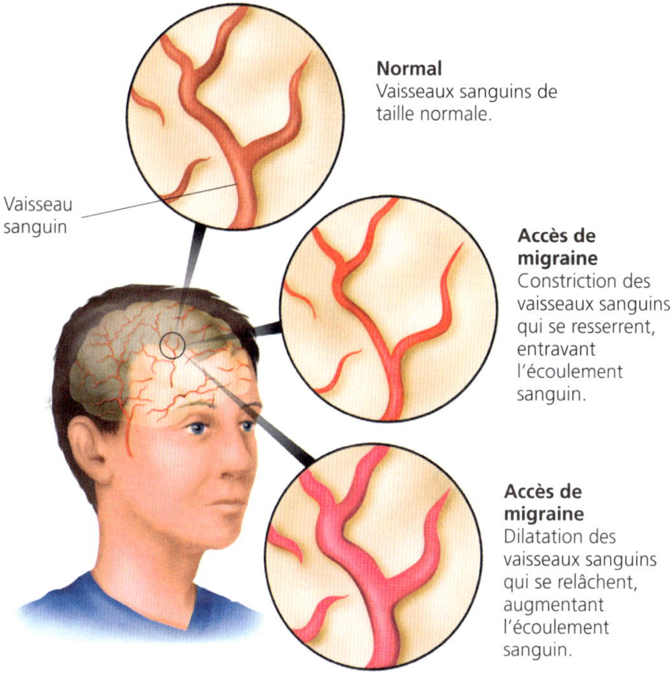

On ne connaît pas la cause précise de la migraine. On croit que les changements dans la taille des vaisseaux sanguins dans l'encéphale causent la céphalée en perturbant le débit de l'écoulement sanguin.

Ces stimulus sensoriels sont transformés en vue de provoquer les réactions physiques et les émotions appropriées. L'information du thalamus est transmise vers le haut jusqu'au cortex cérébral, la partie la plus extérieure du cerveau, qui décode les messages en sensations de douleur. On croit que ces voies neurales contribuent à intensifier les douleurs de la migraine, de même que la nausée et la sensibilité à la lumière et aux sons. Par la suite, les substances chimiques et les

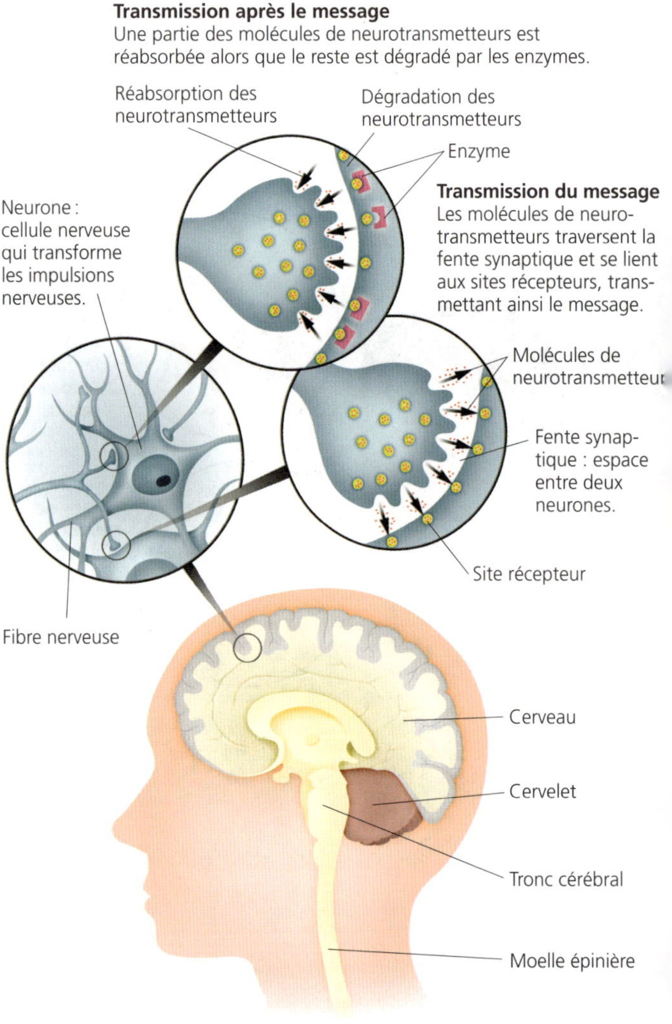

En gros, votre cerveau ressemble à un faisceau de fils téléphoniques qui transmettent et reçoivent des messages dans votre cerveau et à destination et en provenance d'autres parties de votre corps. Certains messages sont envoyés par impulsions électriques; d'autres dépendent de la libération et de la transmission de substances chimiques appelées neurotransmetteurs.

vaisseaux sanguins du cerveau reprennent leur état normal et l'accès de migraine prend fin.

La sérotonine et les céphalées migraineuses

Des études ont révélé que les accès pouvaient être provoqués par une injection de réserpine, un médicament qui libère la sérotonine en réserve dans l'organisme, ce qui provoque les céphalées migraineuses chez les personnes sensibles. Autre preuve du rôle de la sérotonine, une infusion intraveineuse de sérotonine pendant un accès de migraine peut soulager les symptômes, bien qu'on ignore toujours son mécanisme d'action précis. Malheureusement, son utilisation est limitée, car elle entraîne des effets secondaires comme l'essoufflement, la nausée et la constriction généralisée des vaisseaux sanguins, provoquant des fourmillements et des évanouissements. Des études récentes ont montré qu'en ciblant des médicaments qui affectent certaines actions précises de la sérotonine, on peut traiter les symptômes de la migraine avec peu d'effets indésirables. Ces médicaments, connus sous le nom de triptans, sont disponibles sur ordonnance médicale (voir p. 65).

POINTS CLÉS

- Une migraine est plus qu'une mauvaise céphalée, et celle-ci n'est pas nécessairement le symptôme le plus important.
- La migraine affecte surtout les femmes, peut-être à cause des différences hormonales.
- La plupart des gens souffrent d'accès de migraine sans aura, certains ont des accès avec aura et d'autres connaissent les deux types d'accès.
- Une aura peut entraîner des troubles de la vue, des perturbations sensorielles et de la parole.
- La migraine se déroule en cinq phases distinctes : la phase prémonitoire, l'aura, la céphalée, la résolution des symptômes et le rétablissement.
- La cause de la migraine semble être des changements qui interviennent dans les substances chimiques du cerveau, en particulier la sérotonine.

Les déclencheurs de la migraine

Il n'y a pas de déclencheur unique de la migraine. Dans une étude menée à la City of London Migraine Clinic, 79 % des patients interrogés connaissaient les facteurs déclenchants, dont les plus courants étaient le stress, les hormones, la fatigue et sauter un repas.

Le seuil des migraineux est déterminé par leur constitution génétique (facteurs internes). Ce seuil peut être élevé ou abaissé par des facteurs externes comme le stress. Si un nombre suffisant de déclencheurs internes et externes s'accumulent, le seuil peut être franchi et l'accès de migraine est enclenché.

Un accès ne se produit pas nécessairement dans des situations semblables – votre seuil peut fluctuer; le nombre de déclencheurs ou leur importance peut varier. En conséquence, le fait de sauter un repas ou des déclencheurs moins évidents, comme la lumière scintillante du soleil ou le manque de sommeil, ne provoquent pas toujours un accès. Néanmoins, si un ou l'ensemble de ces facteurs est combiné à une période de stress au travail ou à des changements hormonaux, un accès peut se produire.

Il est possible que le fait de prendre des médicaments tous les jours pour prévenir la migraine élève le seuil, de telle façon qu'un plus grand nombre de déclencheurs est nécessaire pour déclencher un accès.

Chez les personnes qui ne souffrent apparemment pas de migraine, les déclencheurs des céphalées « normales », nombreux et variés, sont les mêmes que ceux des migraines. Les déclencheurs diffèrent selon la personne et les accès ne sont pas toujours provoqués par les mêmes facteurs. Toutefois, certains déclencheurs sont plus importants que d'autres. Les plus courants, en particulier chez les enfants, sont la faim ou le fait de manger trop peu.

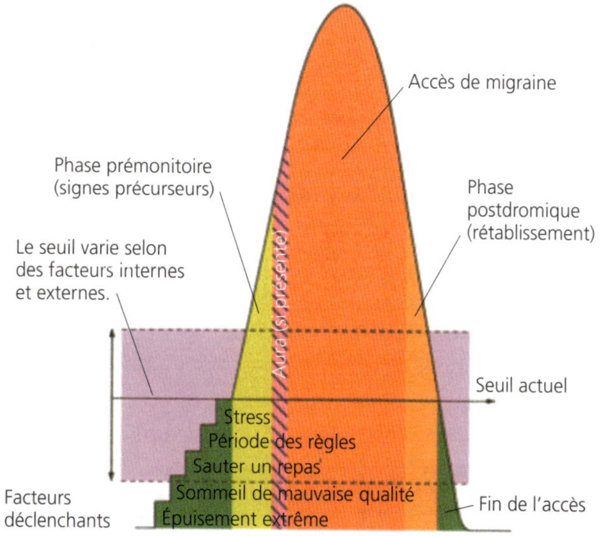

Le seuil des migraineux est déterminé par leur constitution génétique (facteurs internes). Ce seuil peut être élevé ou abaissé par des facteurs externes, comme le stress. Si un nombre suffisant de déclencheurs internes et externes s'accumulent, le seuil peut être franchi et l'accès de migraine est enclenché.

Chez les femmes, les variations hormonales associées au cycle menstruel peuvent provoquer une migraine.

Dans certains cas, il peut être difficile de distinguer les déclencheurs des symptômes prémonitoires (signes précurseurs). Par exemple, si vous êtes sensible à la lumière dans les heures qui précèdent la céphalée, vous serez plus conscient de la lumière du soleil qui scintille entre les arbres pendant que vous conduisez. De même, les envies de sucré prémonitoires peuvent entraîner la consommation de chocolat, blâmé à tort par la suite comme étant à l'origine de l'accès.

Dans les deux cas, vous devez considérer ces symptômes comme un signe précurseur et agir de façon à prévenir l'accès qui doit suivre, soit par une thérapie précoce appropriée, soit en traitant les déclencheurs déterminés, ce qui est plus courant.

Un apport alimentaire insuffisant

Les repas manqués ou retardés occasionnent souvent une légère chute de glycémie, ce qui déclenche une migraine. C'est généralement le déclencheur le plus important chez les enfants, surtout lorsqu'ils traversent une poussée de croissance ou qu'ils pratiquent des exercices vigoureux. Cela explique pourquoi les enfants reviennent de l'école avec une mauvaise céphalée – ils n'ont tout simplement pas assez mangé ou pas assez souvent pour maintenir leur glycémie.

De même, l'apport alimentaire insuffisant peut être un déclencheur important chez les adultes. Le fait de sauter le déjeuner déclenche habituellement un accès de migraine vers la fin de la matinée, alors que lorsqu'il s'agit du dîner, l'accès se produit en fin d'après-midi. Si vous souffrez de migraine en vous éveillant, il est utile

Facteurs déclenchants qui peuvent provoquer un accès de migraine

Facteurs alimentaires

- Sauter un repas
- Repas retardé
- Quantité d'aliments insuffisante
- Sevrage de café
- Déshydratation
- Aliments particuliers, déclencheurs rares mais évidents (voir « Les allergies alimentaires », p. 33.)

Déclencheurs environnementaux

- Lumières vives ou scintillantes
- Épuisement extrême ou excès d'exercice
- Voyage
- Changements de température
- Fortes odeurs

Facteurs hormonaux (femmes)

- Règles
- Contraceptifs oraux
- Grossesse (peut exacerber les symptômes focaux, mais en général, la migraine s'atténue au deuxième et au troisième trimestre)
- Climatère (dernières règles)
- Traitement hormonal substitutif (THS)

Maladie intercurrente (par exemple, infection virale comme un rhume ou une grippe)

- Sommeil
- Hypersomnie
- Insomnie

Déclencheurs émotionnels (par exemple, discussion, agitation, stress)

- Douleurs au cou et à la tête
- Douleur aux yeux, aux sinus, au cou, aux dents ou à la mâchoire

Remarquez que ces déclencheurs ne s'appliquent pas tous à chaque migraineux et, en général, plus d'un facteur doit être présent pour déclencher un accès.

de remettre en question l'heure de votre souper, qui peut être très tôt. Un bol de céréales à la fin de la soirée peut suffire à prévenir une migraine.

De nombreux migraineux constatent qu'ils doivent manger fréquemment de petites collations, environ à toutes les quatre heures, pour éviter les variations de la glycémie qui peuvent être un déclencheur. Les collations sucrées et le chocolat conviennent, mais préférablement, à la fin d'un repas et non comme repas.

Les allergies alimentaires

On considère souvent les allergies à certains aliments comme un déclencheur important de la migraine, bien que ce sujet demeure toujours très controversé. De nombreux aliments ont été mis en cause dans la migraine, allant du fromage, du chocolat, des agrumes aux aliments saumurés (comme le hareng), et même la cuisine chinoise. À n'en pas douter, certains aliments peuvent déclencher une migraine chez les gens sensibles, et dans la plupart des cas, le lien entre la consommation de cet aliment et l'apparition de la migraine est si évident que la personne apprend rapidement à éviter l'aliment.

Le produit plus fréquemment mentionné comme déclencheur est l'alcool. Certains alcools contiennent des substances chimiques (appelées substances organoleptiques) qui peuvent affecter directement les vaisseaux sanguins ou provoquer la libération d'autres substances susceptibles d'être impliquées dans la migraine. Le migraineux est sensible à certaines composantes puissantes des boissons alcoolisées. Certains vins rouges en contiennent une ou plusieurs et en conséquence, sont plus susceptibles de déclencher un accès que les boissons plus pures comme la vodka. Ce type de réponse ne constitue pas une vraie réaction allergique.

Une vraie réaction allergique se produit lorsqu'un antigène (la substance qui déclenche une allergie, dans ce cas un aliment suspect) déclenche la production d'anticorps spécifiques que l'on peut mesurer dans la circulation sanguine. Malgré des recherches intensives, on n'a déterminé aucune réaction antigène-anticorps spécifique chez les migraineux après avoir consommé des aliments déclencheurs. Ainsi, on parle plutôt de « sensibilité aux aliments » ou d'« intolérance alimentaire ».

Il est alors peu probable que les tests allergiques soient utiles pour la migraine, sauf dans un très petit nombre de cas. Malheureusement, de nombreux praticiens non qualifiés offrent des tests qui ne sont pas scientifiques et, en conséquence, de nombreux migraineux suivent des régimes sévères à long terme, qui eux-mêmes peuvent causer la migraine en raison des carences nutritionnelles.

Plusieurs groupes de chercheurs ont analysé avec rigueur les régimes d'élimination sous surveillance comportant seulement quelques aliments, en ajoutant progressivement d'autres aliments, un par un. Ces régimes ont été profitables pour certaines personnes alors que pour le grand nombre, les régimes étaient trop sévères pour qu'ils puissent les maintenir. Lors d'une étude, 40 % des patients ont abandonné au cours des six premières semaines et à la fin de l'étude, 10 % seulement avaient constaté une amélioration de leurs symptômes.

Quel que soit le lien entre les aliments et la migraine, trop de gens évitent absolument les aliments suspects sans savoir si oui ou non ils contribuent à leurs propres céphalées. Si vous croyez qu'un aliment est un déclencheur, éliminez-le pendant plusieurs semaines en tenant un journal pour voir s'il y a un changement dans vos accès de migraine. Sinon, vous pouvez le réintégrer dans votre régime et éviter un autre aliment suspect. Les régimes d'élimination plus sévères ne doivent être suivis que sous la supervision d'un médecin ou d'un diététiste.

Un régime alimentaire peut être invalidant sur le plan social. Il est très difficile d'éviter une mousse au chocolat ou des fromages français servis avec des vins délicieux au cours d'un souper. En outre, la crainte des effets d'un aliment peut suffire en soi à déclencher un accès.

De nombreux migraineux peuvent contrôler leurs accès en évitant un minimum d'aliments et en mangeant régulièrement, en plus de déterminer et d'éviter les déclencheurs autres qu'alimentaires. Si ces mesures sont inefficaces, alors seulement il peut être utile de consulter un allergologue. Demandez une référence à votre médecin de famille.

L'exercice

Si vous n'êtes pas en forme, il est probable qu'un exercice intense déclenche une migraine, de même que des douleurs musculaires. Cela incite de nombreuses personnes à éviter l'exercice alors qu'en fait, l'exercice régulier peut prévenir les accès de migraine. Les personnes en forme ont une meilleure glycémie, respirent mieux et maîtrisent mieux la douleur, comparativement aux personnes en mauvaise forme. L'exercice stimule la libération de substances chimiques analgésiques naturelles appelées endorphines et enképhalines et qui atténuent la dépression et favorisent un sentiment de bien-être général.

Vous devez entreprendre un programme d'exercice doucement, en augmentant le rythme progressivement pendant plusieurs semaines. Il est important que les séances d'exercice soient régulières. Des séances courtes et fréquentes sont plus bénéfiques que des séances rares et prolongées, qui peuvent faire plus de tort que de bien.

Vous devez savoir que l'exercice peut modifier votre glycémie et votre hydratation, et que la déshydratation et une faible glycémie peuvent être de puissants déclencheurs de migraine. Les enfants semblent particulièrement sensibles aux effets d'un exercice intense et développent souvent une migraine après une partie de football mouvementée, par exemple. Très souvent, pour éviter la migraine, il suffit de boire beaucoup de liquide et de prendre un comprimé de glucose.

À l'occasion, un coup à la tête pendant l'exercice peut déclencher une migraine. On doit alors consulter le médecin, car dans quelques cas, des symptômes semblables à ceux de la migraine peuvent être associés à une lésion cérébrale.

Les hormones

Dans une étude menée à la City of London Migraine Clinic, plus de 50 % des femmes ont déclaré qu'un accès de migraine était plus probable au moment de leurs règles. Bien que la plupart des femmes souffrent de migraine à d'autres moments, un faible pourcentage souffre de migraine uniquement au moment des règles. Habituellement, ces accès peuvent être contrôlés par des stratégies de gestion courantes; quelques femmes, pour qui les déclencheurs hormonaux sont évidents, peuvent tirer profit des interventions particulières décrites dans « Les céphalées chez les femmes » (voir p. 88).

D'autres changements hormonaux, comme l'utilisation de contraceptifs hormonaux, peuvent exacerber la migraine chez certaines femmes et l'atténuer chez d'autres. Les années menant à la ménopause sont en général associées à une augmentation de la fréquence des accès, en particulier des accès liés aux règles. Les variations hormonales associées à une aggravation de la migraine au cours de cette période peuvent être contrôlées à l'aide du traitement hormonal substitutif (THS), qui peut être bénéfique de toute façon si d'autres symptômes de la ménopause se manifestent, comme les bouffées de chaleur et les sueurs nocturnes.

La maladie

La plupart des gens souffrent de céphalée lorsqu'ils ont le rhume ou une infection virale, mais une migraine peut aussi se produire. On ne sait pas avec certitude si la maladie elle-même est un déclencheur ou si le fait d'être malade affaiblit votre seuil, de telle façon que quelques déclencheurs suffisent à provoquer un accès. Si vous avez le rhume, faites une provision de remèdes pour la migraine de même que pour le rhume, mais assurez-vous de ne pas dépasser les doses recommandées de l'analgésique de votre choix.

N'oubliez pas que de nombreux médicaments pour le rhume contiennent des analgésiques.

Le sommeil

Le lien entre le sommeil et la migraine demeure mal compris. La migraine est souvent présente au réveil. Le manque de sommeil est reconnu comme un déclencheur. Réciproquement, dormir pendant un accès de migraine peut faire disparaître les symptômes.

D'autres facteurs peuvent être importants. Par exemple, le manque de sommeil peut être la conséquence d'une dépression, de l'anxiété, des bouffées de chaleur de la ménopause ou du fait de retarder l'heure du coucher à cause d'une activité sociale, du travail ou des études. Chacun de ces facteurs peut être un déclencheur.

De nombreuses personnes remarquent que le simple fait de dormir une demi-heure de plus ou de somnoler au lit peut entraîner une migraine. Cela peut être l'une des causes des migraines de fin de semaine.

Ce qui ressort clairement est que si vous souffrez de la migraine, vous devez essayer d'adopter des habitudes de sommeil fixe, de vous coucher le soir et de vous lever le matin à des heures régulières. Les travailleurs de quart doivent essayer d'éviter les changements de quart fréquents, dans la mesure du possible.

Le stress

L'anxiété et les émotions jouent un rôle important dans les céphalées et la migraine. La plupart des migraineux constatent qu'ils gèrent leur stress sans que les accès de migraine augmentent, mais que lorsqu'ils se détendent, la migraine se manifeste. Le stress se produit rarement sans provoquer un effet sur les autres déclencheurs de la migraine, ce qui entraîne souvent des repas sautés, un sommeil de mauvaise qualité et une augmentation de la tension musculaire.

Bien que le stress soit souvent inévitable, il importe d'essayer de réduire les effets des autres déclencheurs en mangeant régulièrement et en prenant le sommeil nécessaire, ce qui aide en retour à affronter le stress plus efficacement.

La douleur musculosquelettique

Au cours d'une étude menée à la City of London Migraine Clinic, la douleur au cou était un symptôme prodromique (précurseur) courant, signalé par près des deux tiers des patients. Les symptômes musculo-squelettiques persistent dans la phase de la céphalée, mais s'atténuent souvent au moment où l'accès s'estompe. L'une des femmes savait qu'une fois ses douleurs au cou disparues, la fin de sa migraine était imminente.

La douleur au cou affecte habituellement l'arrière du cou du même côté que la céphalée dans la région du gros muscle occipital, qui va de l'arrière de la tête jusqu'au front. La douleur peut toucher les deux côtés du cou, irradiant à l'occasion dans les épaules.

La douleur au cou et au dos peu aussi déclencher un accès, surtout si elles proviennent d'une blessure précise. Même une simple tension musculaire provenant d'une mauvaise position, s'asseoir devant un ordinateur ou conduire un taxi, peut être une cause. Les causes physiques comme celles-ci demandent un traitement physique. Toutefois, il peut se passer plusieurs mois avant que la fréquence de vos accès diminue.

Quelquefois, un traitement de physiothérapie ou d'ostéopathie un peut trop vigoureux peut déclencher un accès. Tout comme pour l'exercice, un départ en douceur est la clé des bienfaits à long terme.

Dysfonction de l'articulation temporomandibulaire

Si votre mâchoire clique lorsque vous mangez, se bloque ou si vous remarquez que vous vous éveillez souvent avec la migraine après avoir grincé des dents au cours de votre sommeil, une visite chez le dentiste pourrait résoudre vos accès de migraine. Le dentiste peut ajuster votre occlusion avec un appareil que vous portez dans la bouche pendant la nuit.

La dysfonction de l'articulation temporomandibulaire, lorsque les articulations de votre mâchoire sont douloureuses ou douloureuses à la pression, peut être associée à la tension des muscles qui contrôlent votre mâchoire. Cela peut causer une céphalée, souvent quotidienne, et déclencher une migraine à l'occasion. Une jeune fille souffrant de céphalées quotidiennes et d'articulations de la mâchoire douloureuses à la pression a découvert que tous ses symptômes disparaissaient lorsqu'elle cessait de mâcher de la gomme !

Les voyages

Combien de fois avez-vous réalisé que les longs voyages en voiture ou en avion vous causaient une migraine ? Les voyages sont associés à de nombreux déclencheurs potentiels : le manque de sommeil dû aux préparatifs et au voyage lui-même, le stress, les repas manqués ou retardés et les bruits intenses.

Si vous voyagez en avion, la déshydratation et les sièges à l'étroit laissant peu d'espace pour bouger sont des déclencheurs supplémentaires. Il n'est pas certain que les changements de pression dans l'avion puissent déclencher une migraine en raison des améliorations apportées aux cabines des avions de passagers modernes.

La température

Pendant des siècles, les vents chauds et secs saisonniers autour du globe, comme le föhn suédois, le meltem méditerranéen ou le chinook canadien, ont été associés aux céphalées et à l'irritabilité générale. Ailleurs dans le monde, on a fait mention de changements moins marqués dans la pression barométrique comme déclencheurs de la migraine, bien que les données soient contradictoires. Au Royaume-Uni, selon une étude effectuée à Londres, rien ne prouve que le temps qu'il fait a une incidence sur la migraine alors qu'une étude menée en Écosse a établi un lien entre l'augmentation de la pression barométrique et de la fréquence des accès de migraine.

Les fins de semaine

Les migraineux qui travaillent du lundi au vendredi constatent souvent que leur migraine se déclenche plus souvent au cours de la fin de semaine. Cela est probablement dû à l'accumulation progressive de déclencheurs pendant la semaine, aboutissant à un barrage supplémentaire de déclencheurs la fin de semaine.

Par exemple, vous pouvez vous sentir plus détendu après une semaine stressante, vous coucher tard le vendredi soir après une soirée, dormir plus tard le samedi matin et changer vos habitudes des repas, souvent avec un déjeuner tardif. Par conséquent, il n'est pas surprenant qu'une migraine en résulte.

On a aussi fait mention du sevrage de café, en raison d'une consommation réduite de café comparativement à celle de la semaine. De nombreux travailleurs sédentaires entreprennent une activité physique ou un exercice inhabituel les fins de semaine, notamment le ménage, le jardinage et les projets de bricolage.

Les ordinateurs

Les ordinateurs causent souvent des céphalées. On blâme souvent le scintillement de l'écran mais en fait, la cause la plus probable est liée à votre façon de vous asseoir et de travailler à l'ordinateur. En plus du surcroît de tension musculaire dans la tête et le cou, le travail prolongé devant un écran peut entraîner une réduction de la fréquence du clignotement des yeux, des yeux secs et des douleurs oculaires.

Si vous souffrez de céphalées ou de migraines après de longues périodes devant un ordinateur, réglez une alarme toutes les demi-heures pour prendre une courte pause. Fixez votre regard sur un objet le plus loin possible, faites cligner vos yeux très fort plusieurs fois et pratiquez quelques exercices simples et rapides pour étirer les muscles de votre cou et de vos épaules. Le simple fait de faire rouler votre tête de côté, vers l'arrière, de côté et puis vers l'avant peut faire une grande différence.

Les autres causes

De nombreux autres facteurs peuvent déclencher un accès de migraine. Mentionnons notamment la lumière vive du soleil, les odeurs fortes, les salles remplies de fumée, la déshydratation, le cinéma et les bruits trop intenses.

POINTS CLÉS

- Les déclencheurs de la migraine varient d'une personne à l'autre et ne sont pas toujours les mêmes pour une personne donnée.
- Plusieurs déclencheurs peuvent contribuer à provoquer un accès.
- Certains déclencheurs sont plus importants que d'autres.
- Parmi les déclencheurs importants de la migraine on retrouve : l'apport alimentaire insuffisant, les variations hormonales chez les femmes, trop peu ou trop de sommeil, la maladie et les douleurs au cou et au dos.

Vivre avec la migraine : conseils pratiques

Il n'existe aucun traitement curatif de la migraine. Néanmoins, vous pouvez en atténuer les répercussions de façon importante en déterminant et en évitant vos déclencheurs et en ayant recours à des traitements efficaces au besoin. Ces traitements peuvent être symptomatiques (soulagent les symptômes de la migraine) ou prophylactiques (empêchent la migraine). Ce faisant, vous reprenez la maîtrise d'un état hors de votre contrôle.

Les traitements pharmacologiques et non pharmacologiques peuvent soulager et prévenir les accès de migraine. Dans la plupart des cas, les mesures de prévention réduisent la fréquence des accès et leur gravité sans les faire disparaître tout à fait.

Incapacité liée à la migraine

Il va sans dire que lorsque vous souffrez d'un accès de migraine, vos activités sont plutôt restreintes. Ce n'est pas un problème très grave si vos accès sont rares, mais lorsqu'ils deviennent plus fréquents, vos études, votre travail, votre famille et vos activités sociales peuvent tous en souffrir, et cela peut avoir des conséquences sérieuses, comme la perte d'une promotion ou même d'un emploi, en plus de causer des tensions dans toutes vos relations.

Certaines personnes sont très handicapées par la migraine parce qu'elles craignent constamment un nouvel accès. Il leur est difficile de fonctionner normalement, même sans migraine.

Il n'est pas toujours facile de reconnaître ces problèmes. Les questionnaires MIDAS (voir p. 46) et HIT sont des outils qui peuvent vous aider beaucoup, ainsi que d'autres migraineux, à déterminer jusqu'à quel point la migraine affecte votre vie. Vous pouvez télécharger à partir d'Internet ou passer le test HIT en clinique. Vous pouvez montrer les résultats à votre médecin pour l'aider à comprendre le problème et afin de pouvoir travailler ensemble en vue de trouver un mode d'action efficace.

Que pouvez-vous faire pour vous aider ?

Pourvu que le diagnostic soit bien établi, vous pouvez vous aider considérablement sans voir le médecin. Votre pharmacien peut vous conseiller à l'égard des meilleurs traitements à suivre et vous indiquer à quel moment vous devez consulter votre médecin.

Il existe aussi des mesures simples qui peuvent augmenter l'efficacité des médicaments et aider à prévenir les accès.

Prendre des médicaments au début…

Ayez toujours sous la main au moins une dose de votre médicament de choix afin de pouvoir le prendre dès que vous sentez venir un accès. Il est important de prendre

Le questionnaire MIDAS (Migraine Disability Assessment Questionnaire)

Souffrez-vous de céphalées ?

Instructions : Nous vous demandons de répondre aux questions suivantes sur TOUTES les céphalées dont vous avez souffert pendant les trois derniers mois. Indiquez la réponse dans la case prévue en regard de chaque question. Indiquez zéro si l'activité ne vous concerne pas pendant ces trois mois.

1. Pendant combien de journées au cours des trois derniers mois n'avez-vous pas pu vous rendre à votre travail ou à l'école à cause de vos céphalées ? ______ jours
2. Pendant combien de journées au cours des trois derniers mois votre rendement professionnel ou scolaire a-t-il été réduit de moitié ou davantage par vos céphalées ? (Ne pas inclure les journées d'absentéisme professionnel ou scolaire visées par la question 1.) ______ jours
3. Pendant combien de journées au cours des trois derniers mois n'avez-vous pas accompli vos tâches domestiques à cause de vos céphalées ? ______ jours
4. Pendant combien de journées au cours des trois derniers mois votre activité domestique a-t-elle été réduite de moitié ou davantage par vos céphalées ? (Ne pas inclure les journées de non-activité domestique visées par la question 3.) ______ jours
5. Pendant combien de journées au cours des trois derniers mois avez-vous dû renoncer à des activités familiales, sociales ou récréatives à cause de vos céphalées ? ______ jours

NOTE : __________

A. Pendant combien de journées au cours des trois derniers mois avez-vous souffert de céphalées ? (Si un épisode de céphalées a duré plus d'une journée, comptez chaque journée.) ______ jours

B. Sur une échelle de 0 à 10, quelle note moyenne de gravité attribueriez-vous à ces céphalées ? (0 équivaut à l'absence de douleur, et 10 à la douleur la plus intense.) __________

Le questionnaire MIDAS (Migraine Disability Assessment Questionnaire)

Souffrez-vous de céphalées ? (suite)

Ce questionnaire a été élaboré pour vous aider à évaluer de quelle façon la migraine a affecté votre vie au cours des derniers mois. Répondez d'abord aux questions A et B.

Pour les questions 1 et 2, travail signifie travail rémunéré, ou si vous êtes étudiant(e), les études à l'école ou au collège.

Pour les questions 3 et 4, les tâches domestiques comprennent les journées perdues pour les personnes qui sont à la maison à plein temps; pour les travailleurs et les étudiants, ces journées ne doivent pas inclure les journées comptées aux questions 1 et 2.

Pour la question 5, ajoutez les journées où vous avez dû renoncer à toute autre activité.

Additionnez les jours des questions 1 à 5 puis reportez le total à NOTE. Si votre total est supérieur à 10, vous devriez consulter votre médecin. Néanmoins, peu importe votre résultat pour ce questionnaire, consultez votre médecin si vos céphalées vous préoccupent. Les questions A et B ne servent pas au calcul de la note MIDAS, mais elles fournissent des renseignements utiles au médecin qui déterminera le traitement approprié.

votre médicament au tout début, car il a de meilleures chances d'être efficace. Votre estomac est moins actif pendant une migraine et absorbe moins bien les médicaments que vous prenez par voie buccale.

Le problème consiste à déterminer s'il s'agit d'une migraine ou d'une céphalée qui suivra son cours et disparaîtra d'elle-même. Pour certaines personnes, il suffit de secouer la tête ou de placer la tête entre les genoux au début d'une céphalée, car s'il s'agit d'une migraine, la douleur est pulsatile. Ce qui n'est pas le cas s'il s'agit d'une simple céphalée.

... mais pas trop souvent

Les médicaments peuvent soulager les symptômes très efficacement si vous les prenez correctement, sans les utiliser trop souvent. Si vous les prenez presque tous les jours, vous pourriez provoquer une céphalée, car votre organisme s'habitue au traitement et semble moins en mesure de contrôler la douleur efficacement.

Par conséquent, vous vous éveillerez la plupart du temps avec une céphalée et elle répondra moins bien au traitement.

Ainsi, vous ne devez jamais prendre de médicaments pour traiter les symptômes plus de deux ou trois jours par semaine. Il importe peu que vous preniez toute la dose recommandée ou seulement une partie. Ce qui importe c'est que vous ne preniez pas de médicaments pendant quatre jours consécutifs.

Si cela ne vous suffit pas et que vous devez en prendre plus souvent, ne serait-ce qu'une ou deux doses de plus par jour, vous devez consulter votre médecin.

Le fait de prendre ces médicaments presque tous les jours rend les autres médicaments moins efficaces. La céphalée devient réfractaire, car la « céphalée due à l'abus médicamenteux » se développe (voir « La céphalée chronique quotidienne », p. 121).

Ce n'est pas le cas si le médecin vous prescrit des médicaments de prévention (prophylactiques) à prendre tous les jours. Leur mode d'action est très différent, car ils préviennent l'apparition de la migraine.

Quel traitement adopter ?

On appelle traitements symptomatiques ou aigus l'ensemble des médicaments utilisés pour traiter les symptômes.

Ces médicaments englobent les analgésiques achetés au supermarché ou en pharmacie, de même que les

Catégories de médicaments

Les produits considérés comme des médicaments sont classifiés selon, entre autres facteurs, le statut de leur (s) ingrédient (s) actif (s) :

- médicaments en vente libre (MVL) : vous pouvez vous procurer de nombreux médicaments directement des rayons d'un supermarché ou d'un magasin général;
- médicaments en vente uniquement dans les pharmacies : vous pouvez les acheter uniquement chez un pharmacien titulaire d'une licence;
- médicaments sur ordonnance seulement : certains médicaments très puissants et qui peuvent avoir des effets secondaires graves sont en vente seulement sur ordonnance d'un médecin.

médicaments développés spécifiquement pour la migraine, comme les triptans, que l'on peut obtenir sur ordonnance (voir p. 65).

La pharmacie

La plupart des analgésiques contiennent de l'aspirine, du paracétamol ou de l'ibuprofène. Pour la migraine, les produits solubles ou effervescents agissent plus rapidement et sont plus efficaces que les comprimés ordinaires. Des essais cliniques récents ont révélé que les comprimés d'aspirine que vous sucez ou mâchez sont plus efficaces et très pratiques, car ils se dissolvent dans votre bouche et vous n'avez pas besoin d'eau. Quelquefois, ces médicaments sont combinés à des analgésiques plus puissants comme la codéine (un opiacé faible) pour les rendre plus efficaces, ou avec des antihistaminiques, qui aident à réduire la nausée ou à soulager la tension musculaire. Certains comprimés sont plus spécialement conçus pour la migraine. Le pharmacien peut vous conseiller et vous indiquer comment les prendre sans danger. Ces médicaments diffèrent légèrement, alors celui que vous choisissez dépend de votre préférence.

Pour maximiser leur effet, prenez les comprimés dès que possible si vous sentez venir un accès. Toutefois, ne dépassez jamais la dose maximale indiquée. Si aucun comprimé n'est efficace ou si vous devez en prendre plus que la dose recommandée, consultez votre médecin.

La dompéridone (aussi connue sous le nom de Motilium) est un puissant antiémétique qui accroît la motilité intestinale (mouvement), ce qui favorise l'absorption. Une dose de 20 mg de dompéridone avec un analgésique peut traiter la céphalée et la nausée qui l'accompagne. Elle est recommandée pour la migraine mais seulement sur ordonnance médicale. Néanmoins, vous pouvez vous procurer une préparation en vente libre (Motilium 10) en pharmacie pour soulager la nausée, les vomissements et l'indigestion résultant d'une motilité intestinale réduite.

D'autres antiémétiques peuvent être utiles mais ils n'accroissent pas la motilité intestinale. La prochlorpérazine (Stemetil) a fait l'objet d'essais cliniques pour la migraine. Vous pouvez vous procurer une préparation, qui se dissout dans votre bouche (Buccastem M), en vente libre (MVL) dans les pharmacies.

Comment augmenter l'efficacité des médicaments ?

Essayez de manger quelque chose si vous le pouvez, de préférence après avoir pris votre médicament. Les aliments fades, comme des rôties sèches ou un biscuit, peuvent parfois soulager la nausée. Si vous vomissez ou que vous avez des haut-le-cœur, les douleurs seront moins fortes que si vous avez l'estomac vide.

Certaines personnes préfèrent manger quelque chose de sucré alors que d'autres préfèrent une boisson gazéifiée, une limonade ou une tasse de thé sucré.

Idéalement, vous devriez tout simplement attendre la fin de l'accès et vous reposer. Le sommeil est la façon naturelle de récupérer – en général, combattre la migraine ne fait que la prolonger. De toute évidence, il n'est pas toujours possible de laisser le travail et de garder le lit, mais essayez au moins de ralentir le rythme. Effectuez les tâches plus routinières plutôt que celles qui demandent de la concentration.

Placez une bouillotte étanche ou un bloc réfrigérant sur votre nuque ou sur le point le plus douloureux, sans le laisser trop longtemps. Une cassette de relaxation ou le fait d'appuyer sur des points d'acupuncture peut aider. Vous pouvez vous couvrir les yeux avec un masque (que vous trouverez à la pharmacie). Bien que certains migraineux préfèrent se coucher dans un lit, quelques-uns trouvent plus confortable de s'asseoir dans une chaise. Faites ce qui vous semble naturel pour atténuer la douleur.

Tenez un journal de vos accès

Il s'agit de déterminer le profil des accès. Ainsi, vous devez tenir un journal des moments où les accès se manifestent. Dans un carnet ou un journal spécial pour les migraines, notez les renseignements suivants :

- dates des accès;
- le moment où l'accès commence;
- les symptômes, y compris l'aura si elle se manifeste;
- les médicaments que vous avez pris, la dose et à quel moment;
- à quel moment l'accès a pris fin;
- les signes précurseurs.

Les signes précurseurs (phase prémonitoire) précèdent la céphalée de plusieurs heures, dans la soirée ou le jour qui précède (voir « Les différents types de migraines » p. 10). Ces changements subtils dans votre humeur ou votre comportement peuvent se manifester avant les accès de migraine, avec ou sans aura.

Il est possible que vous n'ayez pas remarqué ces symptômes auparavant et que votre entourage les remarque davantage. Parmi les symptômes précurseurs courants, notons la maladresse, les bâillements, un sentiment de fatigue et l'irritabilité. Vous pouvez aussi souffrir d'une raideur de la nuque, avoir soif ou être plus sensible à la lumière et aux sons.

Il peut être très avantageux de reconnaître ces symptômes, car le simple fait d'éviter les déclencheurs connus à ce moment peut suffire à interrompre l'accès.

Tenez un journal des déclencheurs

Il peut vous aider à découvrir la raison de vos accès. Vous trouverez plus de détails sur les déclencheurs à la page 29 (« Les déclencheurs de la migraine »). En prenant conscience de l'accumulation possible des déclencheurs, vous pouvez prendre des précautions supplémentaires pour les minimiser. Certaines personnes en connaissent au moins quelques-uns. D'autres sont prises de court lorsqu'un déclencheur ne produit pas toujours les mêmes effets. Cela s'explique du fait que les déclencheurs agissent souvent en combinaison, s'accumulant jusqu'à un seuil où l'accès se déclenche. Il faut donc chercher les autres déclencheurs.

Plutôt que de se demander « Quels sont les déclencheurs d'un accès ? », il serait plus utile de poser la question : « Combien de déclencheurs sont nécessaires pour amorcer un accès ? » Même votre routine habituelle peut comporter des déclencheurs. Vous les ignorez parce que vous demeurez sous le seuil de déclenchement d'un accès, jusqu'à ce que plusieurs s'accumulent. Il est important de noter les déclencheurs possibles chaque jour, car vous avez moins de chances de vous en rappeler clairement au moment de l'accès.

Pour tenir un journal de vos déclencheurs, achetez un petit carnet et notez votre routine quotidienne, notamment le moment des repas, les déplacements, le travail et les activités de loisir. Tous les soirs, notez tout écart de votre routine. Consultez une liste de tous les déclencheurs typiques de la migraine et notez tout déclencheur qui s'est produit pendant la journée. Notez tout changement d'humeur ou de comportement, car il peut s'agir de symptômes précurseurs. Certains d'entre eux, surtout les envies de chocolat et d'aliments spécifiques, sont souvent confondus avec les déclencheurs.

Si vous prenez régulièrement des médicaments, y compris des vitamines, des minéraux, d'autres suppléments

Exemple d'un journal d'accès de migraine

Nom ______________________ Date de naissance ____________
Mois ______________________ Année ______________________

Jour	Jour de la semaine	Heure du début de l'accès	Avez-vous eu un accès céphalée/migraine ?	Gravité légère/ modérée/intense	Nausée oui/non
1					
2					
3					
4					
5					
6					
7					
8					
9					
10					
11					
12					
13					
14					
15					
16					
17					
18					
19					
20					
21					
22					
23					
24					
25					
26					
27					
28					
29					
30					
31					

Veuillez conserver toutes les notes pertinentes sur une feuille distincte. Vous pouvez télécharger cet exemple à l'adresse : www.colmc.org.uk (*migraine diary*).

Autres médicaments :
quotidiens de prévention : Nom ____________________ Dose ______
traitements hormonaux : Nom ____________________

Médicaments pris (veuillez utiliser plus d'une feuille au besoin.)			Hormones prises oui/non	Règles oui/non
Nom du médicament	Pris à (heure)	Dose		

ou des remèdes complémentaires, indiquez-le. De même, indiquez le moment de vos règles et tout symptôme prémenstruel. Indiquez le moment où vous prenez un contraceptif oral ou un traitement hormonal substitutif (THS).

Déterminer et traiter les déclencheurs

Ne cessez pas de tenir votre journal de déclencheurs avant d'avoir eu au moins cinq accès. Comparez les renseignements dans chacun des cas et remarquez si une accumulation de déclencheurs a coïncidé avec un accès. En rétrospective, y a-t-il eu chaque fois des symptômes précurseurs ?

Étudiez la liste des déclencheurs que vous avez déterminés et divisez-les en deux groupes : ceux auxquels vous pouvez remédier (par exemple, sauter un repas, la déshydratation) et ceux qui sont hors de votre contrôle (vos règles, les déplacements).

Trouvez d'abord une solution aux déclencheurs sur lesquels vous avez une influence. Éliminez ces déclencheurs suspects un par un. Si vous les éliminez tous en même temps, vous ne saurez pas lequel est le plus pertinent pour vous. Essayez de compenser – si vous vivez un moment particulièrement stressant, prenez soin de manger régulièrement et trouvez des moyens de vous détendre avant d'aller au lit.

Si vos accès surviennent régulièrement vers la fin de la matinée ou de l'après-midi, remarquez le moment de vos repas. Une collation au milieu de la matinée ou de l'après-midi pourrait suffire à prévenir les accès. De même, si vous soupez tôt dans la soirée et que vous vous éveillez avec un accès, essayez de prendre une collation avant d'aller au lit.

Si vous soupçonnez un aliment particulier, omettez-le de votre alimentation pendant quelques semaines

Exemple de journal des déclencheurs

Lundi
Aucun changement à la routine.

Mardi
Manqué la séance d'exercice – surcroît de travail au bureau.

Mercredi
Pour visiter un client, j'ai parcouru 65 milles en voiture. Il a fait très chaud pendant le trajet. Revenu à la maison en retard, soupé deux heures plus tard que d'habitude.

Jeudi
Me suis éveillé en retard alors j'ai sauté le déjeuner. Journée occupée au travail – manqué la séance d'exercice à nouveau.

Vendredi
Travail OK, routine habituelle.
Suis allé au cinéma dans la soirée.
Repas tard dans la soirée.
Me suis couché tard.

Samedi
Ai dormi une heure et demie de plus.
J'ai sauté le déjeuner.
Magasinage.

puis réintégrez-le. Vous devrez répéter l'expérience avec cet aliment plus d'une fois, pour vérifier qu'il s'agit bien d'un déclencheur.

Si vous soupçonnez un grand nombre d'aliments, parlez-en à votre médecin, car vous risquez de souffrir de malnutrition en éliminant trop d'aliments – les régimes d'élimination doivent être supervisés par un professionnel.

POINTS CLÉS

- Les traitements pharmacologiques et non pharmacologiques peuvent soulager et prévenir la migraine.
- Vous pouvez suivre de nombreux conseils pratiques pour traiter votre migraine sans voir un médecin.
- L'ensemble des médicaments utilisés pour traiter la migraine est appelé traitement symptomatique ou aigu. Il comprend des analgésiques et des antiémétiques.
- Vous pouvez obtenir des médicaments pour prévenir les accès (prophylactiques) uniquement sur ordonnance. Nous en discutons au chapitre suivant.
- Les migraineux doivent déterminer leurs déclencheurs et apporter les changements possibles (comme éviter de sauter un repas).
- Ils doivent aussi tenir un journal de leurs accès (voir p.56-57).

Vivre avec la migraine : consulter un médecin

Lorsque vous voyez votre médecin

Si vous croyez pouvoir traiter vos migraines, bien entendu, il n'est pas nécessaire de voir votre médecin. Par contre, si les traitements offerts à la pharmacie ne sont pas assez efficaces, si vous avez des doutes sur la cause ou la nature de vos céphalées ou si vous observez des changements dans le profil de vos céphalées, il est important de consulter votre médecin pour faire vérifier le diagnostic.

Très peu de céphalées ont une origine grave, mais elles peuvent quelquefois être le symptôme d'un problème médical sous-jacent. Ne croyez pas que vous faites perdre du temps au médecin. Il vaut mieux être rassuré que de s'inquiéter.

Votre médecin peut vous conseiller et vous prescrire des médicaments spécifiques pour la migraine. Même si votre médecin n'a pu vous soulager la première fois, une deuxième visite peut être profitable, car il se peut que vous deviez essayer plus d'un type de traitement avant de trouver celui qui vous convient le mieux. De plus, on découvre tous les jours de nouveaux traitements.

Les renseignements à fournir à votre médecin

Emportez vos journaux des déclencheurs et des accès de migraine, de même qu'un questionnaire MIDAS dûment rempli (voir p. 46). Dressez une liste des différents traitements que vous avez déjà essayés, de quelle façon et les effets qu'ils ont eus. Notez à quel moment vos céphalées sont survenues et leur évolution au cours des années. Ces renseignements aideront votre médecin à évaluer le problème plus rapidement et il lui sera plus facile d'adapter le traitement selon vos besoins.

Comme il n'existe aucun test pour la migraine, votre médecin ne peut savoir si le premier traitement qu'il vous propose sera le plus efficace, alors préparez-vous à plusieurs visites. On ne peut guérir la migraine, mais un traitement efficace vous aidera à reprendre le contrôle de vos accès.

Consulter un spécialiste

Si le profil de vos accès de migraine ou autres céphalées primaires diffère du profil normal, votre médecin vous référera probablement à un spécialiste comme un neurologue (spécialiste du système nerveux central). Certaines cliniques, comme la Clinique de la Migraine et autres Céphalées du CHUM, ont été mises sur pied en vue d'aider les migraineux à comprendre leur état et à trouver des moyens pour traiter non seulement les symptômes, mais aussi les causes. Il n'est pas nécessaire de souffrir d'accès fréquents ou graves pour tirer profit d'une visite chez un spécialiste.

Ce que votre médecin peut vous prescrire

Il peut vous prescrire deux types de médicaments : pour traiter un accès (traitement aigu ou symptomatique) et pour le prévenir (traitement de prévention ou prophylactique). Ne soyez pas étonné si votre médecin vous propose des médicaments que vous pouvez vous procurer à la pharmacie. Si vous les avez pris au mauvais moment ou que vous n'avez pas pris la bonne dose, une simple rectification peut augmenter l'efficacité de ces médicaments.

Médicaments pour traiter un accès

Le traitement aigu

Il existe de nombreux traitements et votre médecin peut vous conseiller ceux qui vous conviennent le mieux. Il peut être préférable d'avoir un choix de plusieurs médicaments, selon la gravité de l'accès au moment où vous le traitez. Par exemple, si vous vous éveillez au milieu d'un accès grave, il est préférable de prendre un médicament pour la migraine comme un triptan (voir ci-dessous si votre médecin vous a prescrit ce type de médicament). Cependant, si vous sentez venir un accès pendant la journée, de simples analgésiques peuvent suffire de prime abord, mais si les symptômes persistent après une heure, d'autres traitements sont habituellement nécessaires sans plus tarder. Votre médecin peut vous renseigner sur les risques de différentes combinaisons de médicaments.

Si les analgésiques ne vous soulagent pas, votre médecin peut vous prescrire un antiémétique comme la dompéridone ou la métoclopramide pour favoriser une absorption plus efficace de vos analgésiques habituels dans la circulation sanguine. Vous pouvez les obtenir sur ordonnance, combinés au paracétamol ou à l'aspirine dans un seul comprimé pratique (Domperamol, MigraMax, Paramax).

Plusieurs analgésiques sur ordonnance sont prescrits pour la migraine, en particulier si les muscles du cou et des épaules sont douloureux à la pression pendant les accès. Ce sont les anti-inflammatoires non stéroïdiens (AINS), qui comprennent le diclofénac, le naproxen et l'acide tolfénamique. Certains de ces médicaments sont offerts sous forme de suppositoires, ce qui est très utile si les vomissements vous empêchent de prendre des comprimés par voie buccale.

Il existe aussi des médicaments spécifiques pour la migraine qui n'agissent pas comme les analgésiques. Ils atténuent la douleur en rétrécissant les vaisseaux sanguins enflés et en inversant les modifications chimiques du cerveau qui se produisent au cours d'une migraine. L'un d'eux, l'ergotamine, est utilisé depuis plus de 70 ans. Les autres appartiennent à une nouvelle classe de médicaments, les triptans (voir p. 65), qui sont sur le marché depuis le début des années 1990. L'ergotamine et les triptans peuvent être très efficaces pour la migraine, mais en général, ils ne sont pas nécessaires pour chaque accès. Si vous en avez besoin pour contrôler les accès graves, prenez-les le plus tôt possible au début de l'accès. N'attendez pas plus d'une heure si vous avez pris des médicaments auparavant qui ne vous soulagent pas. Ils ne sont pas recommandés pour les femmes enceintes ou qui allaitent (voir p. 99).

En général, on prescrit l'ergotamine (comprimés combinés comme Cafergot et Migril) lorsque les analgésiques ou les triptans ne sont pas efficaces. Elle est offerte en comprimés (les comprimés sublinguaux se dissolvent sous votre langue) et en suppositoires. L'ergotamine peut aggraver la nausée et les vomissements, surtout si la dose est trop élevée. Vous pouvez y remédier en prenant un antiémétique en même temps. Les étourdissements et les crampes musculaires sont aussi des effets secondaires courants. Si vous éprouvez ces symptômes, réduisez la dose (par exemple, un demi-comprimé ou un demi-suppositoire). Pour obtenir des demi-suppositoires, coupez les sur la longueur à l'aide d'un couteau chaud.

Pour augmenter son efficacité au maximum, prenez la dose dès que la céphalée de la migraine apparaît et prenez des suppositoires, car le médicament est mieux absorbé par cette méthode. Ne dépassez pas la dose recommandée en raison du risque d'ergotisme (un état qui entraîne la gangrène des doigts et des orteils, la diarrhée et les vomissements) ou de céphalées par surconsommation d'ergotamine. Elle n'est pas recommandée si vous prenez des bêta-bloquants ou si vous souffrez d'hypertension non normalisée ou de cardiopathie ischémique comme l'angine ou une crise cardiaque, car elle peut aggraver ces états.

La dihydroergotamine s'est révélée aussi efficace que l'ergotamine avec une faible incidence de récurrence des symptômes de la migraine (les accès durent moins longtemps). Ses effets sont semblables à ceux de l'ergotamine, mais son principal avantage est de produire moins d'effets indésirables. Tout comme l'ergotamine, elle est contre-indiquée si vous souffrez de cardiopathie ischémique ou d'hypertension, ou si vous prenez des bêta-bloquants pour la migraine, l'hypertension, l'angine ou l'anxiété.

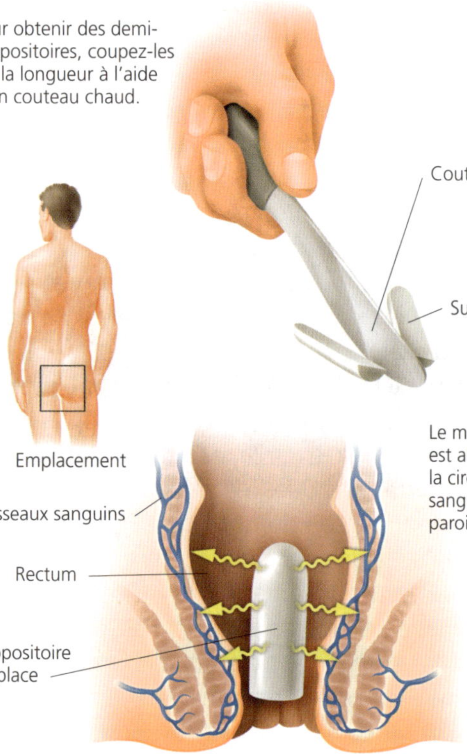

Certains médicaments sont offerts sous forme de suppositoires, ce qui est très utile si les vomissements vous empêchent de prendre des comprimés par voie buccale. Si vous éprouvez les effets secondaires d'un médicament, essayez de réduire la dose de moitié.

Les triptans

Il en existe sept dont six actuellement sur le marché : almotriptan (Almogran), élétriptan (Relpax), frovatriptan (Migard), naratriptan (Naramig), rizatriptan (Maxalt), sumatriptan (Imigran) et zolmitriptan (Zomig).

Ils agissent sur des régions précises de l'encéphale qui répondent à la sérotonine. On croit qu'ils traitent la migraine en provoquant uniquement la constriction des vaisseaux sanguins qui deviennent enflés au cours d'un accès, contrairement à l'ergotamine, qui provoque la constriction des vaisseaux sanguins dans tout votre organisme.

Selon les études, les triptans sont efficaces, peu importe à quel moment on les prend au cours d'une céphalée migraineuse. Toutefois, ils sont probablement plus efficaces si vous les prenez dès qu'elle survient. Au début d'une aura, les triptans semblent peu efficaces. Il est préférable d'attendre et de les prendre lorsque la céphalée se développe.

Parmi les effets secondaires courants, notons la nausée, les étourdissements, la fatigue et les sentiments de lourdeur dans une partie de votre organisme. Ces symptômes sont habituellement de courte durée. L'oppression et la lourdeur peuvent aussi se manifester au niveau de votre thorax, ce qui peut vous faire craindre les effets sur votre cœur. Ces symptômes ont fait l'objet de recherches intensives en vue de déterminer leur cause et dans la plupart des cas, rien n'indique qu'ils proviennent du cœur chez les personnes en santé. Néanmoins, les symptômes thoraciques sont inquiétants si :

- vous ressentez de la douleur plutôt qu'une pression;
- ils durent plus de 60 minutes;
- ils commencent à se manifester au cours des accès subséquents et vous n'aviez aucun symptôme avec le même médicament à ces quelques occasions.

La récurrence de la céphalée est un problème plus difficile – l'accès de migraine est traité efficacement, mais les symptômes réapparaissent plus tard la même journée ou le matin suivant. En général, on peut y remédier en prenant une deuxième dose de triptans, bien qu'à l'occasion, l'accès se produise à répétition pendant plusieurs jours, en particulier au cours des règles. De toute évidence, il n'est peut-être pas approprié de prendre des doses répétées de triptans pendant plusieurs jours et, dans ces cas, d'autres traitements aigus peuvent être à conseiller.

Bien que les triptans soient sécuritaires et très efficaces chez les migraineux par ailleurs en bonne santé, ils sont contre-indiqués pour certaines personnes, comme celles qui souffrent de cardiopathie ischémique ou d'hypertension non normalisée. Si vous êtes à risque pour les crises cardiaques (par exemple, l'un de vos parents a subi un AVC ou une crise cardiaque étant très jeune), si vous souffrez de diabète ou que vous fumez, vous devez subir un examen médical approfondi avant de prendre des triptans.

Le sumatriptan (Imigran) a été le premier triptan développé et il est offert en comprimés (y compris les nouveaux comprimés qui se dissolvent rapidement dans la bouche), en injection auto-administrée et en pulvérisation nasale.

Prenez une deuxième dose uniquement si la première a soulagé votre migraine, mais que vos symptômes sont réapparus. Vous ne devez pas le prendre en même temps que l'ergotamine ou d'autres triptans antidépresseurs, comme les inhibiteurs de la monoamine-oxydase. Il est contre-indiqué si vous êtes sensible aux sulfamides (des antibiotiques) ou si vous prenez du méthysergide.

L'almotriptan (Almogran) est offert en comprimés. C'est un bon médicament, aussi efficace que le sumatriptan pour traiter la céphalée migraineuse, et les études ne rapportent pas plus d'effets secondaires chez ceux qui en prennent que chez ceux qui reçoivent un placebo. On ne doit pas le prendre en même temps que l'ergotamine ou d'autres triptans. Il interagit avec le lithium, quelquefois utilisé pour l'algie vasculaire de la face et plus fréquemment pour les troubles bipolaires. Il est contre-indiqué si vous êtes sensible aux sulfamides ou si vous prenez du méthysergide.

L'élétriptan (Relpax) est offert en comprimés. Les essais cliniques laissent croire qu'il agit plus rapidement que le sumatriptan, qu'il est plus efficace et entraîne moins d'effets secondaires. On ne doit pas le prendre en même temps que l'ergotamine et la dihydroergotamine, et il est contre-indiqué pour une personne qui suit certaines antibiothérapies (érythromycine, clarithromycine), qui prennent des antifongiques (kétoconazole, itraconazole et josamycine) ou des médicaments anti-VIH (ritonavir, indinavir et nelfinavir).

Le frovatriptan (Migard) est offert en comprimés. Il peut être associé à une diminution des récidives de la migraine par rapport à plusieurs autres triptans et on rapporte peu d'effets secondaires importants, bien qu'il agisse plus lentement. On ne doit pas le prendre en même temps que l'ergotamine, le méthysergide ou d'autres triptans. En général, il n'est pas recommandé pour les gens qui prennent des inhibiteurs de la monoamine-oxydase.

Le naratriptan (Naramig) est offert en comprimés. Il agit plus lentement que le sumatriptan, mais ses effets secondaires sont moins marqués. Évitez-le si vous êtes sensible aux sulfamides ou si vous prenez du méthysergide. Vous ne devez pas le prendre en même temps que l'ergotamine ou d'autres triptans.

Le rizatriptan (Maxalt) est offert en comprimés et en cachets qui se dissout dans la bouche, à saveur de menthe poivrée. Il est utile si vous n'avez pas d'eau.

Prenez une deuxième dose seulement si les symptômes de la migraine réapparaissent après le soulagement initial. Si vous prenez du propanolol (bêta-bloquant), votre médecin vous prescrira une dose moindre.

On ne doit pas le prendre en même temps que l'ergotamine, le méthysergide ou d'autres triptans. Il est contre-indiqué si vous prenez des inhibiteurs de la monoamine-oxydase.

Le zolmitriptan est actuellement offert en comprimés standards qui se dissolvent dans la bouche, à saveur d'orange et en pulvérisation nasale. Ces deux dernières préparations sont pratiques, car vous n'avez pas besoin d'eau. Le zolmitriptan est plus avantageux que les autres triptans, car vous pouvez prendre une deuxième dose si la première est inefficace. On ne doit pas le prendre en même temps que l'ergotamine ou d'autres triptans. Si vous prenez des inhibiteurs de la monoamine-oxydase pour prévenir la migraine ou la dépression, prenez une dose réduite. Il est contre-indiqué si vous souffrez de problèmes de rythme cardiaque comme le syndrome de Wolff-Parkinson-White.

Médicaments pour prévenir un accès

Traitements de prévention courants

Vous devrez peut-être prendre des médicaments de prévention (prophylactiques) tous les jours si les médicaments qui traitent les symptômes n'arrivent pas à contrôler efficacement les accès. Le but de la prévention est de briser le cycle des accès fréquents ou invalidants. Néanmoins, aucun de ces médicaments n'est entièrement efficace. La plupart réduisent la fréquence des accès ou encore, ceux-ci sont moins graves ou de plus courte durée. Ainsi, vous devez continuer à suivre un traitement aigu pour les accès intenses.

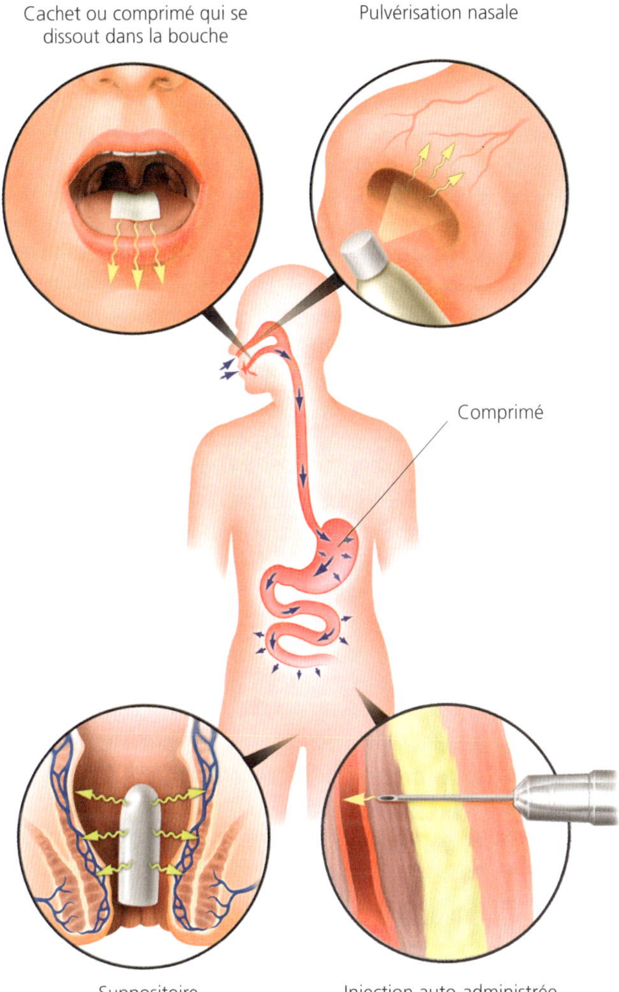

De nombreux types de traitements aigus (symptomatiques) sont offerts, selon différentes méthodes d'administration, dont l'une peut vous convenir mieux que les autres.

Bien que ces médicaments soient rarement utilisés à long terme, la plupart des gens doivent les prendre pendant trois à six mois. La plupart des médecins recommandent de commencer par une faible dose en vue de minimiser les effets secondaires possibles. Toutefois, ces doses ne suffisent pas pour certains. Par conséquent, vous devez prendre les médicaments prophylactiques jusqu'à ce que votre médecin juge qu'une dose adéquate pendant une période adéquate prouve leur inefficacité. En général, cette période est d'au moins deux semaines à une dose élevée, qui ne produit pas d'effets secondaires inacceptables. Bien qu'il soit courant de ne prescrire qu'un seul de ces médicaments, il peut s'avérer nécessaire d'en prendre deux. Le propanolol et l'amitriptyline en sont des exemples typiques. On les combine pour augmenter l'efficacité du traitement.

Il est très important de les prendre correctement tous les jours. Si on vous prescrit un médicament trois fois par jour et que vous l'oubliez sans cesse, demandez à votre médecin s'il existe un médicament semblable que vous puissiez prendre une ou deux fois par jour.

Assurez-vous de prendre les médicaments à peu près au même moment tous les jours pour vous assurer que les niveaux dans votre circulation sanguine demeurent constants. Il est étonnant de constater le nombre de personnes qui déclarent que le médicament est inefficace alors qu'ils ne le prennent pas correctement !
Il est possible qu'il y ait une erreur de diagnostic – l'inefficacité d'un traitement prophylactique est un problème courant chez les gens qui souffrent de céphalées dues à l'abus médicamenteux.

Lorsque vous cessez de prendre des médicaments prophylactiques, il est bon de réduire la dose progressivement pendant quelques semaines. Cela peut aider à calmer vos craintes d'un nouvel accès.

Les bêta-bloquants (par exemple, le metoprolol, le propanolol, le nadolol et le timolol) sont utiles si le stress est un déclencheur ou si vous souffrez d'hypertension, mais vous ne devez pas les prendre avec l'ergotamine. Parmi les effets secondaires, notons la tolérance réduite à l'exercice, la prise de poids, la fatigue, les troubles du sommeil et les extrémités froides (les pieds ou les mains). Ils sont contre-indiqués si vous souffrez d'asthme ou de diabète.

Les antidépresseurs (par exemple l'amitriptyline) sont particulièrement utiles si vous souffrez de troubles du sommeil ou que vos accès de migraine se manifestent à votre réveil le matin. En général, le médecin vous prescrira une faible dose à prendre le soir. Parmi les effets secondaires, mentionnons la sécheresse de la bouche, la vision trouble, la constipation et la sédation. Ils sont plus marqués au cours des deux premières semaines et s'estompent lorsque le médicament commence à agir. Pour ces raisons, il est nécessaire de persévérer au moins trois semaines avant d'évaluer les avantages par rapports aux effets secondaires. Ils sont contre-indiqués si vous souffrez d'un problème cardiaque, d'épilepsie ou de glaucome (l'augmentation de la pression intraoculaire).

Le pizotifène est un médicament utilisé surtout pour prévenir la migraine. Bien qu'il soit souvent prescrit par les généralistes, on dispose de très peu de renseignements pour confirmer son efficacité. Il peut accroître votre appétit, alors surveillez votre alimentation pour vous assurer de ne pas prendre de poids. La sédation (somnolence) est un autre problème courant, auquel on peut remédier en prenant le médicament le soir. Pour ces raisons, les spécialistes le recommandent rarement pour prévenir la migraine chez les adultes.

On a étudié les antiépileptiques pour soulager la migraine. Comme ils sont efficaces pour traiter les deux états, on les appelle de plus en plus fréquemment neuromodulateurs plutôt qu'antiépileptiques. L'un de ces médicaments, le valproate de sodium, est utilisé depuis de nombreuses années pour prévenir les crises d'épilepsie et s'est révélé efficace dans la prévention de la migraine.

Bien que la plupart des migraineux tolèrent le médicament presque sans problèmes, à l'occasion il peut causer la nausée, les dérangements gastriques, la perte de cheveux, les tremblements et les ecchymoses. Vous ne devez pas le prendre si vous avez des problèmes de foie. Vous devez donc passer des examens de fonction hépatique avant de commencer le traitement. Il est contre-indiqué pour les femmes enceintes ou qui n'utilisent pas de moyen de contraception adéquat. Son association avec les anomalies du fœtus est bien documentée. Bien qu'il ne soit pas homologué pour le traitement de la migraine au Royaume-Uni, il est largement utilisé par les spécialistes et homologué pour la migraine aux États-Unis.

La gabapentine est un neuromodulateur plus récent que les spécialistes prescrivent comme prophylaxie pour la migraine, bien qu'elle ne soit pas homologuée à cette fin. Parmi les effets secondaires courants, mentionnons les étourdissements et la fatigue. La prise de poids est un effet secondaire limitant.

Autres médicaments utilisés pour prévenir la migraine

Le méthysergide (Deseril) est probablement le plus efficace sur le marché, mais il est prescrit presque uniquement pour les gens qui souffrent d'accès de migraine graves, sur lesquels les autres médicaments n'ont aucun effet. Et cela parce que son utilisation peut, très rarement, augmenter le risque de développement de tissu cicatriciel à l'arrière de l'abdomen (fibrose rétro-péritonéale) autour des valvules cardiaques et dans les poumons.

Ce problème est peu probable si on interrompt le traitement au moins un mois tous les six mois. Si elle est décelée de façon précoce, la formation de tissu cicatriciel se résorbe.

Les effets secondaires du méthysergide comprennent la nausée, la dyspepsie (indigestion), les crampes musculaires dans les jambes, les étourdissements et la sédation. Il est contre-indiqué si vous souffrez d'une affection vasculaire périphérique (qui entrave l'apport sanguin dans vos membres), d'hypertension grave, de cardiopathie ou d'insuffisance hépatique ou rénale. Ne prenez pas d'ergotamine ou de dihydroergotamine en même temps pour traiter les symptômes.

Les inhibiteurs des canaux calciques (antagonistes), comme la flunarizine et le vérapamil, sont populaires dans certains pays.

La clonidine (Dixarit) est un ancien médicament utilisé pour gérer l'hypertension et son efficacité est limitée dans la prévention de la migraine. Elle peut être utile pour les femmes ménopausées qui souffrent de migraine et de bouffées de chaleur et qui ne désirent pas recourir à un THS. Elle est contre-indiquée pour les

Médicaments fréquemment prescrits pour prévenir la migraine

Médicament	Dose initiale	Maximum quotidien
Bêta-bloquant (par exemple, propanolol)	10 mg deux fois par jour	240 mg répartis en trois doses (effet prolongé, une fois par jour)
Amitriptyline	10 mg le soir	150 mg le soir
Valproate de sodium	200 mg deux fois par jour	1 000 mg deux fois par jour

femmes qui ont des antécédents de dépression grave, car elle pourrait aggraver cet état.

La cyproheptadine (Periactin) est un antihistaminique doté d'activité antisérotonine utilisé à l'occasion pour la migraine. Les effets secondaires comprennent la sédation, la prise de poids, la sécheresse de la bouche et les étourdissements.

POINTS CLÉS

- Consultez un médecin si les médicaments en vente libre sont inefficaces, que vos céphalées n'ont pas été diagnostiquées par un médecin ou que le profil de vos céphalées diffère.
- Votre médecin peut vous référer à un spécialiste comme un neurologue (spécialiste du système nerveux central).
- Il existe de nombreux médicaments sur ordonnance sur le marché à prendre pendant un accès pour soulager les symptômes de la migraine (traitement aigu ou symptomatique).
- Les traitements de prévention ou prophylactiques réduisent la fréquence des accès de migraine et doivent être pris régulièrement, chaque jour, habituellement pendant trois à six mois.

Vivre avec la migraine : thérapies complémentaires

Près de 70 % des migraineux ont eu recours à des thérapies complémentaires. Un bon nombre de celles-ci aident à réduire les effets des déclencheurs, en particulier les problèmes de cou et de dos, et peuvent contrôler efficacement la migraine, avec ou sans médicaments. Les thérapies suivantes n'étant pour la plupart pas couvertes par le Régime d'assurance maladie du Québec, il faut savoir que leur coût peut varier considérablement.

Physiothérapie

Les physiothérapeutes détenteurs d'un permis collaborent en général avec la profession médicale. Recherchez les lettres SRP ou MCSP apposées à côté du nom de la personne, car ces physiothérapeutes ont au moins trois ou quatre années de formation. Certains physiothérapeutes sont qualifiés dans le domaine de l'acupuncture, de l'électrothérapie et de la thérapeutique manuelle, en plus de donner une formation et des conseils sur le mode de vie.

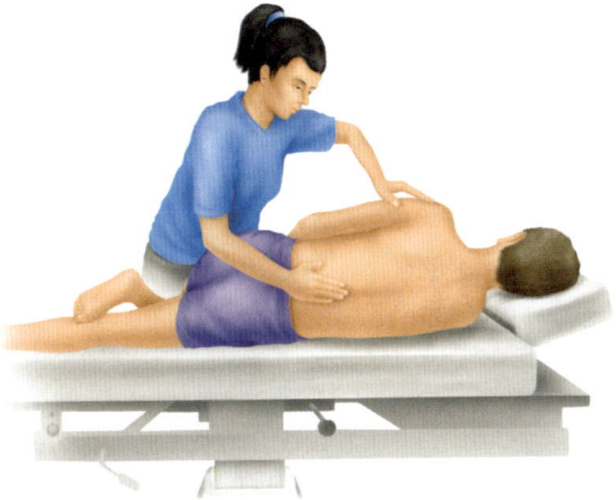

Les physiothérapeutes, les ostéopathes et les chiropraticiens peuvent traiter efficacement les problèmes de dos et de cou, et soulager la migraine chez certaines personnes.

Ostéopathie et chiropratique

Les ostéopathes et les chiropraticiens traitent les problèmes liés aux os par la manipulation. Les ostéopathes et les chiropraticiens autorisés ont suivi un cours de formation pendant plusieurs années et ce sont des professionnels compétents. Ils traitent surtout les troubles liés à la colonne vertébrale, au cou et aux muscles connexes.

Le cou et la colonne vertébrale des personnes âgées doivent être manipulés avec précaution; elles doivent discuter avec leur médecin avant de suivre une thérapie.

Acupuncture

Elle a été développée par des médecins chinois il y a plusieurs milliers d'années. On insère de très fines aiguilles à des endroits spécifiques dans la peau et le muscle sous-jacent. Dans toutes les maladies, des points douloureux à la pression se développent à la surface du corps et disparaissent lorsque la maladie guérit. On les appelle les points d'acupuncture. Bien qu'ils puissent être spontanément douloureux, la plupart le sont seulement à la pression.

D'autres points d'acupuncture reconnus ne sont pas douloureux à la pression, mais le médecin expérimenté peut les repérer. Sur ces points, on perce la peau à l'aide d'une aiguille très fine et on la laisse en place quelques minutes avant de la retirer. Personne ne sait exactement de quelle façon l'acupuncture prévient les accès de migraine, mais certains migraineux la trouvent très efficace. Exercer une pression sur les points douloureux pendant un accès (digitopuncture) peut aussi procurer un soulagement. Vous pouvez trouver ces points en exerçant une légère pression sur les muscles de vos tempes ou au bas de votre nuque et de vos épaules. Lorsque vous sentez un point sensible, douloureux à la pression, exercez une légère pression. Au début de la thérapie, on recommande une ou deux séances par semaine, – puis d'en réduire progressivement la fréquence pour en conserver l'effet.

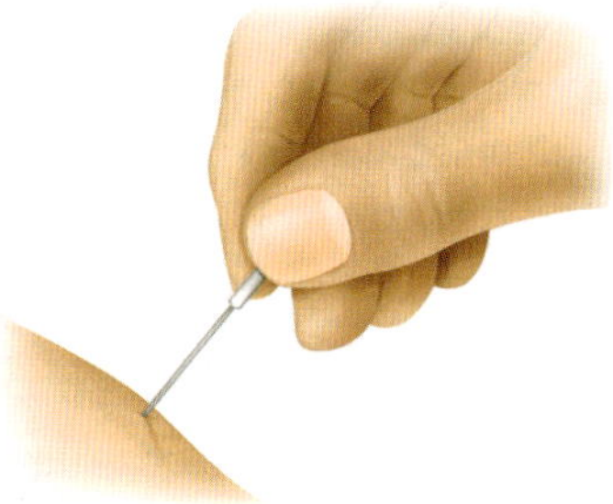

Personne ne sait exactement de quelle façon l'acupuncture prévient les accès de migraine, mais certains migraineux la trouvent très efficace.

Homéopathie

Le principe de l'homéopathie consiste à traiter les symptômes par les symptômes. On prescrit aux patients des doses infinitésimales de substances qui peuvent imiter les symptômes de leur maladie ou de leur état médical. Les substances recommandées dépendent des symptômes précis du patient. Ainsi, la thérapie peut être différente même si deux personnes présentent un problème semblable. Vous ne devez suivre cette thérapie que sur la recommandation d'un médecin reconnu.

Yoga

Avec le yoga vous étirez vos muscles. Il soulage le stress, facilite votre respiration et atténue la tension.

Les séances régulières de yoga soulagent les symptômes de certains migraineux.

L'aromathérapie allie le massage aux huiles essentielles aromatiques et peut atténuer certains problèmes.

Massage et aromathérapie

Le massage peut réduire votre tension musculaire et vous aider à vous détendre. Exécuté régulièrement, il peut minimiser les céphalées dues au stress. Pour certains, un massage combiné aux huiles essentielles aromatiques est très efficace, car les huiles essentielles peuvent atténuer certains problèmes, notamment les troubles du sommeil et la douleur des sinus. Des études menées avec les huiles de menthe poivrée et d'eucalyptus ont montré leurs effets bénéfiques.

Counseling et psychothérapie

Tout le monde a des problèmes, mais tous n'arrivent pas à les régler. Le counseling ou la psychothérapie peuvent vous aider à déterminer les sources de tension et à trouver des moyens de les contrer.

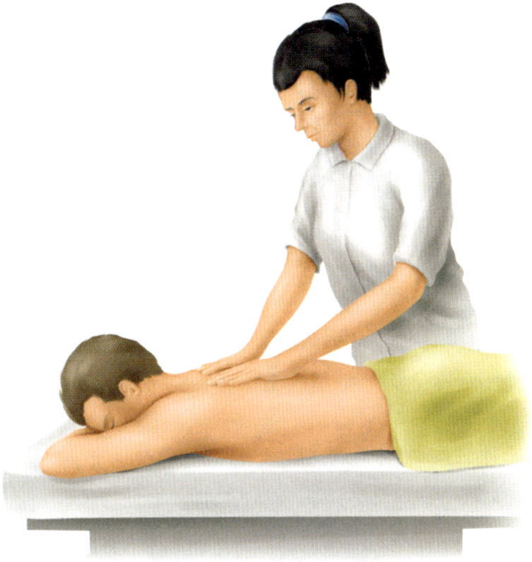

Le massage peut être très utile en réduisant votre tension musculaire et en favorisant la détente.

Comme le stress et l'anxiété peuvent déclencher des accès de migraine, ce genre de thérapie peut être avantageux pour certaines personnes.

Technique Alexander

Cette technique a été développée par F. M. Alexander dans les années 1920. Il croyait qu'une mauvaise posture pouvait déclencher la douleur et la maladie. Elle met l'accent sur le désapprentissage des mauvaises habitudes de mouvement et la rectification de la relation entre votre tête et votre cou et le reste de votre corps. Cette thérapie peut aider particulièrement ceux qui souffrent de céphalées avec une raideur des muscles de la nuque douloureux à la pression.

Un praticien de la technique Alexander vous montrera comment corriger la relation entre votre tête et votre cou et le reste de votre corps.

Rétroaction biologique

La rétroaction biologique est une forme de relaxation qui vous apprend à reconnaître les signes précoces de la migraine et la façon dont votre organisme y répond.

Ainsi, vous pouvez faire cesser l'accès peu après son apparition. Pour savoir comment utiliser la rétroaction biologique, vous devez être formé pour surveiller les changements de certaines de vos fonctions organiques, comme votre fréquence cardiaque, votre température corporelle ou votre tension musculaire.

Une fois la formation terminée, vous êtes en mesure de reconnaître les signes que vous donne votre corps. En parvenant à un état de relaxation, vous pouvez évacuer la tension musculaire qui déclenche les accès.

Remèdes à base de plantes médicinales et suppléments vitaminiques

Si vous désirez prendre ou si vous prenez déjà une préparation à base de plantes pour une migraine confirmée, ou pour tout autre état diagnostiqué, vous devez consulter un médecin reconnu, membre du *National Institute of medical Herbalists* (NIMH). Le NIMH est un organisme de réglementation pour les phytothérapeutes occidentaux. Bien que les préparations à base de plantes puissent être extrêmement efficaces, il est important de se rappeler que les plantes ne sont pas « inoffensives » – de nombreuses plantes sont en effet très toxiques.

On peut espérer qu'avec de nouvelles lois, l'emballage des produits de plantes portera l'information appropriée afin de pouvoir les utiliser en toute sécurité. Même si c'était le cas, il est toujours préférable de se montrer prudent.

> Parlez à votre médecin avant de prendre toute préparation à base de plantes pour vous assurer qu'elle vous convient et qu'elle n'a pas d'effets indésirables.
>
> Si vous en prenez déjà, avisez votre médecin ou votre pharmacien avant de prendre les médicaments qu'il vous recommande en vue d'éviter les interactions indésirables.

Grande camomille

Des études révèlent que la grande camomille peut prévenir les accès de migraine. Aussi connue sous le nom de *Tanacetum parthenium*, elle appartient à la famille des marguerites. Elle est également efficace en feuilles fraîches ou en comprimés. Habituellement, une dose quotidienne allant jusqu'à quatre feuilles ou 200 à 250 mg suffit, mais tout bienfait notable peut prendre jusqu'à six semaines avant de se manifester.

Vous pouvez cependant éprouver les effets secondaires suivants : ulcérations buccales, douleur à l'estomac ou à l'occasion, lèvres enflées. La plante est contre-indiquée pour les femmes enceintes ou qui allaitent. Comme ses effets sont semblables à ceux de l'aspirine (pour éclaircir le sang), vous ne devez pas l'utiliser si vous prenez déjà régulièrement d'autres médicaments à cette fin (aspirine tous les jours ou warfarine).

Gingko biloba

Ce produit de la médecine chinoise traditionnelle est utilisé pour les symptômes de la ménopause, la perte de mémoire, la dépression et les céphalées. La dose efficace se situe entre 120 et 240 mg par jour.

Parmi les effets secondaires rapportés, mentionnons les étourdissements, la nausée, les vomissements et les céphalées, qui s'estompent à plus faibles doses. Il est contre-indiqué pour les femmes enceintes ou qui planifient une grossesse. Il interagit défavorablement avec la warfarine, prescrite pour éclaircir le sang et comme anticoagulant.

Millepertuis commun

Cette plante influence les niveaux de sérotonine dans le cerveau. Cette substance chimique intervient dans de nombreux états, notamment la dépression, l'anxiété et la migraine.

Récemment, plusieurs essais cliniques contrôlés ont confirmé son efficacité comme médicament traditionnel dans le traitement de la dépression bénigne à modérée, avec moins d'effets secondaires. Les doses quotidiennes s'échelonnent habituellement de 300 à 1 500 mg avec l'étude la plus récente basée sur 350 mg trois fois par jour. Grâce à ces résultats, le millepertuis est devenu un traitement populaire contre la dépression. En Allemagne surtout, les ventes de millepertuis dépassent celles des antidépresseurs traditionnels.

À travers l'histoire, on l'a utilisé pour le traitement de différents types de maladies mentales et de névralgies (douleur aux nerfs). Il est aussi connu pour ses propriétés de guérison des blessures. Il apporte un soulagement à de nombreux migraineux.

Les études ont prouvé que le millepertuis a peu d'effets secondaires chez la plupart des personnes en santé. On a rapporté quelques cas de sensibilité accrue à la lumière du soleil. Cependant, cet effet peu courant est habituellement lié à des doses supérieures aux doses recommandées. Il est possible que le millepertuis stimule l'utérus, alors il est contre-indiqué pendant la grossesse.

On doit se montrer prudent, car il peut interagir avec les médicaments utilisés pour traiter la migraine. Le Committee on Safety of Medicines, en Grande-Bretagne a publié une déclaration conseillant aux gens qui prennent des triptans ou un type d'antidépresseur particulier, les inhibiteurs spécifiques du recaptage de la sérotonine (ISRS) (Prozac par exemple) quelquefois utilisés pour la migraine, de cesser de prendre du millepertuis, car la combinaison peut augmenter le niveau de sérotonine dans l'organisme, augmentant ainsi la probabilité des effets secondaires, bien qu'on ait peu de données à ce sujet.

Le Committee recommande de cesser de prendre le millepertuis, de poursuivre le traitement prescrit avec les triptans, et d'en aviser le médecin lors de la prochaine visite de routine.

Si vous désirez continuer à prendre du millepertuis, consultez rapidement votre médecin en vue de discuter de vos médicaments sur ordonnance. Vous ne devez pas cesser de prendre ces médicaments sans l'avis de votre médecin.

Vitamine B2 (riboflavine)

Des essais cliniques contrôlés ont révélé que les doses élevées de 400 mg par jour (au moins 250 fois l'apport quotidien recommandé) sont efficaces dans la prévention de la migraine. Au cours de ces essais, les effets secondaires étaient minimes. Un seul patient a dû abandonner l'étude à cause d'une diarrhée liée au médicament. Néanmoins, la sécurité à long terme n'a pas été établie et vous ne devez pas prendre ces doses sans l'avis de votre médecin.

Magnésium

Au cours de plusieurs études, on a observé que les gens souffrant de migraine présentent de faibles niveaux de magnésium, surtout les femmes qui ont des symptômes prémenstruels, et que le fait d'augmenter ces niveaux en prenant des suppléments pouvait atténuer les symptômes de la migraine. Une étude basée sur une dose quotidienne de 600 mg de dicitrate de magnésium a montré son efficacité avec des effets secondaires minimes. Les préparations de sulfate de magnésium, d'hydroxyde de magnésium et d'oxyde de magnésium sont contre-indiquées en raison de leur effet laxatif.

Autres remèdes

Le gingembre et la menthe poivrée sous toutes leurs formes peuvent soulager la nausée associée à la migraine et peuvent aider la digestion. Frotter vos tempes avec de l'essence de lavande est aussi apaisant.

POINTS CLÉS

- De nombreux migraineux ont recours à des thérapies complémentaires pour atténuer leurs symptômes.
- Parmi les thérapies populaires, on retrouve l'ostéopathie et la chiropratie, l'acupuncture, l'homéopathie, le yoga, le massage et l'aromathérapie, puis la technique Alexander.
- La grande camomille est un remède à base de plantes médicinales souvent utilisé pour la migraine; le millepertuis commun en est un autre.

Les céphalées chez les femmes

La plupart des céphalées sont plus courantes chez les femmes que chez les hommes, bien que cette différence soit plus apparente au cours des années de procréation. De toute évidence, cela s'explique par le rôle important que jouent les hormones sexuelles féminines, bien que d'autres facteurs interviennent. Les femmes ont intérêt à lire aussi le chapitre suivant sur les céphalées chez les adultes des deux sexes.

Les effets des hormones sur les céphalées

Quelques études ont examiné l'effet des hormones sur les céphalées non migraineuses. Des études menées auprès de femmes par la City of London Migraine Clinic montrent que les femmes sont plus susceptibles aux céphalées non migraineuses vers le moment de leurs règles, même si elles souffrent aussi de migraine. Les céphalées sont reconnues comme symptôme du syndrome prémenstruel (SPM) (voir p. 89) et de la ménopause. Certaines femmes remarquent que leurs céphalées sont plus fréquentes lorsqu'elles commencent à prendre un contraceptif oral. Elles se régularisent en général après quelques mois, mais à l'occasion, il est nécessaire de changer de contraceptif. Hormis ces cas précis, les changements hormonaux ont peu d'effets sur les céphalées non migraineuses.

La migraine et les changements hormonaux

Des recherches en Suède ont montré que les deux sexes étaient également sujets à la migraine jusqu'à l'âge de 11 ans, après quoi les filles sont plus touchées que les garçons. Dès qu'une femme a eu sa première migraine, elle risque davantage de subir des accès pendant le reste de ses années de procréation : au moment où les enfants de l'étude initiale avaient atteint l'âge de 30 ans, 70 % des femmes touchées continuaient de subir des accès de migraine, comparativement à 48 % seulement chez les hommes. Les accès deviennent habituellement moins fréquents pour les deux sexes après 55 ans.

La migraine des règles

Dans une étude menée à la City of London Migraine Clinic, 50 % des femmes croyaient que leurs accès de migraine étaient liés à leur cycle menstruel. En tout, 15 % des femmes interrogées ont déclaré qu'elles avaient subi leur premier accès de migraine l'année de leurs premières règles. Ces premiers accès sont souvent irréguliers et peuvent se produire à tout moment du cycle. Toutefois, une fois parvenue au milieu ou à la fin de la trentaine, elle peut remarquer que les accès suivent un profil mensuel. Quelquefois, ce profil devient apparent seulement au retour de ses règles à la suite d'un accouchement.

Au cours de la même étude, on a constaté que moins de 10 % des femmes souffraient régulièrement d'accès de migraine dans les deux jours précédant leurs règles et dans les premiers jours des saignements (jours -2 à

+2 de leur cycle) et à aucun autre moment du mois. Cela coïncide avec la phase du cycle menstruel où les concentrations d'œstrogène et de progestérone chutent à leurs niveaux les plus bas.

Par conséquent, à la migraine qui apparaît au cours des deux jours ou entre les deux jours avant le début des règles et les premiers jours des saignements nous avons donné le nom de « migraine des règles ».

Un groupe de femmes plus important, 35 %, a souffert régulièrement d'accès liés aux règles, mais aussi d'autres accès à tout moment du mois. Nous avons donné le nom de « migraine liée aux règles » à ce type de migraine. La distinction entre les deux groupes est importante, car bien que les facteurs hormonaux jouent un rôle, les femmes qui souffrent de migraine liée aux

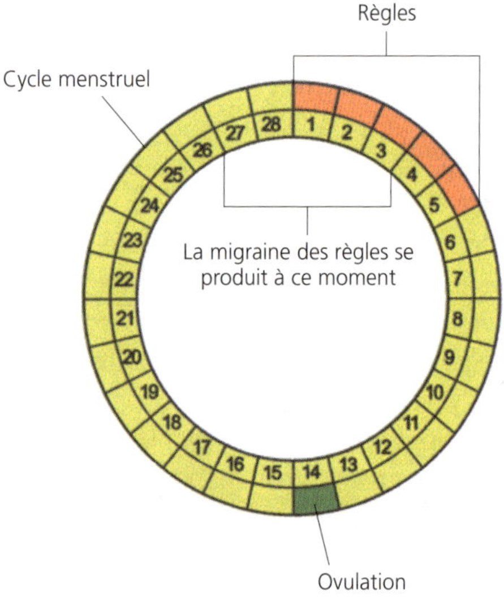

La migraine liée aux règles apparaît au cours des deux jours ou entre les deux jours avant le début des règles et les premiers jours des saignements.

règles sont aussi sensibles aux déclencheurs autres que les hormones.

On a établi un lien entre la migraine des règles et les variations naturelles normales des niveaux d'œstrogène au cours du cycle menstruel. Il n'est pas nécessaire d'effectuer des tests chez ces femmes, car tout est normal sur le plan hormonal. Elles semblent simplement plus sensibles à ces variations. En plus des hormones, d'autres facteurs jouent un rôle. Bien que les suppléments d'œstrogène puissent prévenir la chute de leurs niveaux, des études montrent que ce traitement n'est pas efficace pour toutes les femmes qui souffrent de migraine des règles. Les niveaux d'autres substances chimiques varient au cours du cycle menstruel, comme les prostaglandines, qui sont libérées juste avant et pendant les saignements. Ces substances chimiques peuvent constituer un déclencheur important, surtout chez les femmes qui souffrent de migraine uniquement le premier ou le deuxième jour des saignements.

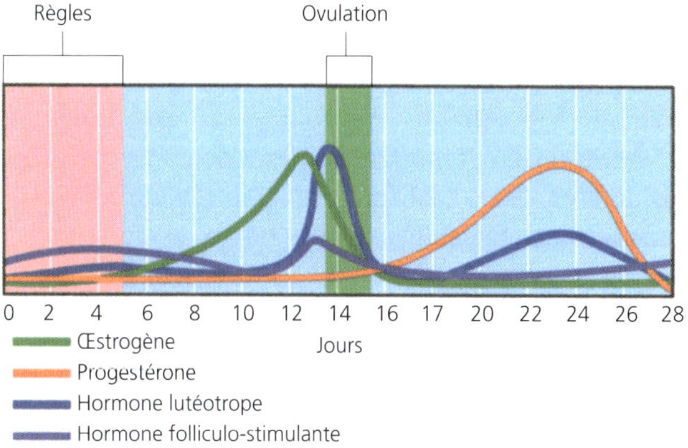

On a établi un lien entre la migraine des règles et les variations naturelles normales des niveaux d'œstrogène au cours du cycle menstruel.

D'autres facteurs peuvent jouer un rôle important dans la migraine des règles. Des études ont montré que la variation des niveaux hormonaux affecte la sensibilité à d'autres déclencheurs. Par exemple, les femmes sont plus sensibles aux effets de l'alcool et des repas sautés vers le moment de leurs règles.

Conseils pratiques

Si vous croyez qu'il existe un lien entre vos règles et vos accès de migraine, la première chose à faire est de tenir un journal (voir p. 52-58) afin d'établir la relation précise entre le moment des accès et les différentes phases de votre cycle menstruel. Notez tout symptôme prémenstruel, comme les envies d'aliments sucrés, les seins douloureux à la pression, etc. Tenez un journal précis de vos accès de migraine et de vos règles. Pour chaque accès, notez l'heure du début, sa durée et les symptômes que vous avez éprouvés. De même, notez le traitement que vous avez pris, le moment et le degré d'efficacité. Mentionnez si les règles étaient anormalement douloureuses ou abondantes. Notez tout déclencheur autre qu'hormonal susceptible d'avoir déclenché cet accès (voir « Les déclencheurs de la migraine », p. 29).

Après quelques mois, examinez vos notes et essayez de déterminer un profil. Portez une attention particulière aux facteurs autres qu'hormonaux, car le simple fait de les éviter pourrait suffire à prévenir ce qui semble un accès de migraine lié aux hormones. Par exemple, prenez garde de ne pas vous surmener et, au besoin, évitez l'alcool. Limitez-vous à de petites collations fréquentes pour maintenir votre glycémie, car le fait de sauter des repas et une trop longue période sans manger peuvent déclencher un accès.

Malheureusement, il existe peu de traitements efficaces pour la migraine des règles, bien que la vitamine B6 soit souvent proposée (elle est efficace pour le SPM – voir ci-dessous). On recommande de consulter un médecin ou un pharmacien avant de prendre la vitamine en doses élevées, en raison du risque d'effets secondaires toxiques chez certaines personnes (par exemple, lésion d'un nerf). Parmi les autres traitements en vente libre, mentionnons l'huile d'onagre, efficace pour les seins douloureux à la pression avant les règles, en doses allant jusqu'à 1,5 g deux fois par jour, et les suppléments de magnésium, qui soulagent d'autres symptômes du SPM comme la céphalée et la migraine.

Comment votre médecin peut-il vous aider ?

Consultez votre médecin si vos symptômes sont graves ou si vous n'arrivez pas à soulager vos accès après avoir essayé plusieurs traitements pendant quelques mois.

De nombreuses femmes qui souffrent de migraine liée aux hormones se demandent pourquoi les médecins ne procèdent à aucun test. La réponse est simple : il n'existe actuellement aucun test qui puisse leur indiquer la cause du problème, car en général, les résultats de tous les tests courants pour les hormones sont normaux. Les études qui mesurent les niveaux d'hormones n'ont pas réussi à trouver une différence entre les femmes qui souffrent de migraines déclenchées par des facteurs hormonaux et les femmes en santé. Même chose pour tous les déclencheurs de migraine. Il semble qu'il y ait une sensibilité accrue aux événements normaux comme les variations hormonales naturelles, les repas sautés et la lumière vive du soleil. Cela signifie que dans une certaine mesure, le traitement est à l'essai. Néanmoins, selon la phase de votre cycle où vos accès surviennent, certains traitements spécifiques seront probablement plus efficaces que d'autres.

La migraine peut être associée au SPM, un problème courant où la femme éprouve de la fatigue, de l'irritabilité, des douleurs aux seins à la pression et prend du poids en raison de la rétention d'eau quelques jours avant les règles. Cette migraine peut répondre aux traitements autres qu'hormonaux, sur ordonnance, comme la fluoxétine (Prozac). Les traitements hormonaux comme un contraceptif oral ou injectable (Depo-Provera), peuvent être efficaces en interrompant le cycle menstruel normal, car cette migraine peut résulter d'une chute naturelle de l'œstrogène qui survient à ce moment de votre cycle.

Par ailleurs, vous pouvez également prévenir les accès avec un supplément d'œstrogène, comme les timbres d'œstradiol de 100 µg, utilisés trois jours avant le début de vos règles pendant environ sept jours. Ce traitement n'a aucun effet sur la fécondité, car il augmente simplement les niveaux d'œstrogène au moment où ils chutent naturellement, et rien n'indique que cela puisse avoir un effet néfaste sur la grossesse, bien qu'il ne soit pas recommandé pour les femmes qui essayent de concevoir. Ce traitement diffère du traitement hormonal substitutif (THS) (voir p. 102) en ce qu'il remplace l'œstrogène tout au long du cycle. En outre, les femmes qui continuent d'avoir leurs règles produisent leur propre progestérone – celle-ci protège la muqueuse de l'utérus et l'empêche de trop épaissir en réponse à l'œstrogène, il n'est donc pas utile de leur fournir un supplément.

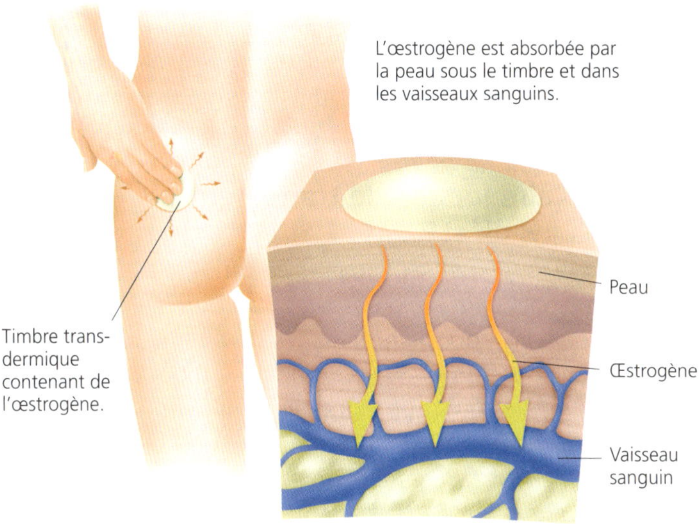

On peut prévenir la migraine prémenstruelle causée par une chute naturelle de l'œstrogène avec un supplément. Il est simplement absorbé dans l'organisme à partir de timbres transdermiques.

Pour les migraines qui surviennent seulement pendant vos règles, surtout si elles sont douloureuses ou abondantes, vous pouvez prendre un médicament qui inhibe la synthèse des prostaglandines.

Le médicament le plus courant, sur ordonnance, est l'acide méfénamique. Vous devez le prendre trois ou quatre fois par jour à partir du début de vos règles, pendant jusqu'à sept jours. Il est avantageux, car les femmes qui ont un cycle irrégulier peuvent l'utiliser.

Le Mirena Intrauterine System (système intra-utérin Mirena) est un dispositif contraceptif inséré dans votre utérus, qui libère de petites quantités de progestatif en vue de prévenir l'épaississement de sa muqueuse en réponse à l'œstrogène. Ainsi, en plus d'empêcher la conception, ce dispositif permet de diminuer les règles qui sont moins douloureuses. Il est intéressant de remarquer que plusieurs femmes qui l'utilisent rapportent un soulagement de leurs migraines liées aux règles.

Que faire lorsque le traitement est sans effet ?

Si vous l'avez essayé pendant trois cycles et que vos accès continuent, ne désespérez pas. Comme il n'existe pas de tests pour déterminer la cause de la migraine liée aux hormones, le médecin vous proposera différents médicaments pour traiter les différents mécanismes possibles. Si un traitement ne fonctionne pas, retournez chez votre médecin et essayez-en un autre.

De nombreux autres traitements influencent votre cycle hormonal, y compris les médicaments qui provoquent une ménopause médicale en interrompant le cycle hormonal dans votre cerveau. Malheureusement, les effets secondaires limitent le recours à ces médicaments habituellement prescrits uniquement par les gynécologues (spécialistes de la santé des femmes).

Contraception

La pilule combinée

La céphalée est un effet secondaire fréquent des contraceptifs oraux combinés courants, mais elle s'atténue souvent avec l'usage prolongé. Elle est liée à la dose et au type d'hormones. Les études montrent qu'il y a moins de cas de migraine associés à la pilule de plus faible dose (20 µg d'œstrogène), qui contient de nouveaux progestatifs de « troisième génération ». La céphalée survient surtout au cours des premiers cycles d'utilisation et s'estompe progressivement à partir du sixième cycle.

Les femmes qui souffrent d'accès de migraine avant de commencer à prendre la pilule remarquent souvent que leurs accès surviennent pendant l'intervalle où elles ne la prennent pas, moment où leurs niveaux d'hormones chutent et produisent un saignement de privation. Dans ce cas, un changement de pilule peut parfois aider. Vous pouvez aussi prendre un supplément d'œstrogène naturel dans cet intervalle, mais le saignement de privation continuera de se produire. Prendre deux ou trois sachets de la pilule sans interruption, avant l'intervalle sans pilule, peut réduire la fréquence des accès.

Il arrive que des femmes prennent la pilule sans interruption et ne prennent jamais de pauses. Leurs migraines disparaissent souvent, mais comme il n'y a pas de saignement de privation contrôlé, la métrorragie imprévue peut poser problème. Rien n'indique que les pauses mensuelles de la pilule sont avantageuses pour la santé comparativement à l'utilisation ininterrompue. Les bienfaits des problèmes menstruels réduits et de l'efficacité accrue sont évidents. Il est intéressant de remarquer que de nombreuses femmes médecins prennent la pilule sans interruption !

La migraine, la pilule et le risque d'AVC

La pilule est sécuritaire pour la plupart des femmes, y compris celles qui souffrent de migraines sans aura, mais pas pour celles qui souffrent de migraine avec aura, pour les raisons qui suivent. La pilule comporte de nombreux avantages, comme par exemple la diminution des problèmes menstruels, du SPM et du risque de cancer en général.

Malgré ce dossier de sécurité bien établi, pour quelques femmes les risques liés à la pilule l'emportent sur les bienfaits. Il s'agit des femmes qui souffrent d'hypertension ou qui fument beaucoup. Au préalable, elles courent un plus grand risque de développer un AVC que les femmes en santé, et ce risque est accru si elles prennent la pilule.

Plus récemment, on a établi un lien entre la migraine avec aura et un risque accru d'AVC chez les jeunes femmes, bien qu'en termes réels, ce risque soit très minime. Néanmoins, des études révèlent que ce risque est cinq fois plus élevé lorsque ces femmes prennent la pilule combinée, comparativement aux femmes qui prennent la pilule mais ne souffrent pas de migraine.

En raison de ce risque, certaines autorités considèrent qu'on ne doit pas prescrire la pilule aux femmes qui souffrent de migraine avec aura, surtout de nos jours, car il existe de nombreuses méthodes alternatives de contraception, dont plusieurs, à l'exception de la mini-pilule (progestatif seul) chez les femmes de moins de 35 ans, encore plus efficaces que la pilule (voir ci-dessous). De même, si une femme qui ne souffrait pas de migraine avec aura la développe lorsqu'elle commence à prendre la pilule, elle doit cesser de la prendre sans délai et consulter un médecin – elle peut avoir besoin d'une protection d'urgence si elle a des relations sexuelles non protégées.

Les autres méthodes de contraception

Les méthodes de contraception à base d'agent progestatif seulement, comme la mini-pilule, les injections de Depo-Provera, les implants et le système intra-utérin Mirena n'augmentent pas le risque d'AVC et constituent une solution de rechange sécuritaire pour les femmes qui souffrent de tout type de migraine. Elles ont des effets variés sur la migraine. Toutefois, selon les données, si la méthode provoque l'interruption de l'ovulation et des règles, en général la migraine s'atténue.

Les femmes qui utilisent le dispositif intra-utérin au cuivre (Cu-DIU) peuvent souffrir de migraine pendant leurs règles, surtout si elles deviennent plus abondantes. Elles ont le choix de changer de méthode.

La grossesse et l'allaitement

Des études indiquent que dans 60 à 70 % des cas, les migraines sont plus fréquentes et plus intenses au cours des premiers mois de la grossesse, mais que vers la fin, elles sont plus rares et moins intenses chez les femmes migraineuses. Cette amélioration s'explique par la plus grande stabilité des niveaux d'œstrogène. Toutefois, il est peu probable que le mécanisme soit aussi simple, car il se produit de nombreux changements physiques, biochimiques et émotionnels qui pourraient l'expliquer, notamment la production accrue d'analgésiques naturels, la relaxation musculaire et la modification de l'équilibre glycémique.

Les femmes qui souffrent d'accès de migraine sans aura avant de tomber enceinte, surtout s'il y a un lien entre leurs migraines et leurs règles, en souffriront probablement moins pendant leur grossesse, et en général pendant l'allaitement, jusqu'au retour de leurs règles. Toutefois, la migraine associée à la brusque chute d'œstrogène après la naissance n'est pas rare. Par contre, environ 16 % de ces femmes continuent d'avoir des accès pendant leur grossesse.

Contrairement à ces femmes, celles qui souffrent de migraines avec aura continueront probablement à en souffrir pendant leur grossesse. De plus, si la migraine apparaît pour la première fois au cours de la grossesse, elle sera probablement accompagnée d'une aura.

Rien n'indique que la migraine, avec ou sans aura, a des conséquences sur le nouveau-né ou sur sa croissance et son développement.

De nombreuses femmes préfèrent gérer leur migraine sans médicaments pendant leur grossesse, surtout si elles savent qu'elle risque de s'atténuer.

Les symptômes précoces de la grossesse peuvent aggraver les accès de migraine. La nausée, surtout si elle est importante, peut réduire l'apport alimentaire et en liquide, ce qui entraîne une baisse de glycémie et la déshydratation. Essayez de prendre de petites collations sucrées plus fréquentes et de boire beaucoup de liquide pendant la grossesse. Un repos approprié est nécessaire pour pallier le surcroît de fatigue. Parmi les mesures de prévention sécuritaires, mentionnons l'acupuncture, la rétroaction biologique, le yoga, le massage et les techniques de relaxation (voir p. 76).

Quelques médicaments ont été mis à l'essai, mais le peu de données dont disposent les fabricants indique qu'en général, ils ne recommandent pas leur utilisation pendant la grossesse, ce qui ne signifie pas qu'ils sont à proscrire. De toute évidence, on doit les utiliser uniquement si les bienfaits l'emportent sur les risques possibles, qui sont difficiles à évaluer en raison du manque de données. De nombreux médicaments sont dangereux surtout pour l'enfant au cours des trois premiers mois, souvent avant même que la femme sache qu'elle est enceinte.

Si vous devez suivre un traitement pour votre migraine pendant la grossesse et l'allaitement, le paracétamol est sécuritaire.

L'aspirine n'est pas recommandée comme analgésique, car elle peut causer des problèmes de saignement; par conséquent, n'en prenez pas sans l'avis de votre médecin ou de votre sage-femme. Les anti-inflammatoires non stéroïdiens (AINS) ne sont pas recommandés pendant la grossesse.

La prochlorpérazine est utilisée depuis de nombreuses années pour soulager la nausée de la grossesse. De même, la métoclopramide et la dompéridone sont largement utilisées pour soulager la nausée et la douleur, en préparations combinées pour favoriser l'absorption des analgésiques, mais il est préférable de les éviter pendant les trois premiers mois. Pour les accès de migraine fréquents et continus, qui demandent un traitement quotidien préventif, le propanolol (bêta-bloquant) est le plus sûr.

La ménopause

Au cours des années précédant les dernières règles d'une femme (la ménopause), ses ovaires produisent des quantités décroissantes d'œstrogène. Pendant cette période de déséquilibre hormonal, les accès de migraine peuvent s'aggraver et devenir plus fréquents.

Selon les rares études effectuées, la ménopause aggrave la migraine chez presque 45 % des femmes, 30 à 45 % ne constatent aucun changement et près de 15 % remarquent une amélioration. Une partie de cette augmentation n'est pas directement imputable aux hormones; les femmes qui ont souvent des bouffées de chaleur la nuit dorment moins bien, et le surcroît de fatigue est un déclencheur connu de la migraine.

Après la ménopause, les variations hormonales cessent, le niveau d'œstrogène est moins élevé et plus stable, et la migraine se stabilise pour la plupart des femmes. Toutefois, certaines femmes continuent de subir des accès réguliers.

L'hystérectomie

Rien n'indique que l'hystérectomie (l'ablation de l'utérus et quelquefois des ovaires) soit avantageuse dans le traitement des céphalées hormonales. Le cycle menstruel normal résulte d'une interaction entre différents organes, dont certaines glandes du cerveau, les ovaires et l'utérus.

La seule ablation de l'utérus a peu d'effets sur les variations hormonales du cycle menstruel, même si les règles cessent. L'ablation des ovaires influe sur les niveaux d'œstrogène, mais aucune étude n'a été menée sur les effets du THS sur la migraine. Il est probable néanmoins que le THS aide à contrôler les symptômes chez les femmes migraineuses qui ont subi une hystérectomie.

Le traitement hormonal substitutif

Ce traitement remplace l'œstrogène que les ovaires ont cessé de produire après la ménopause. Il est prescrit pour traiter les bouffées de chaleur, les sueurs nocturnes et autres symptômes de la ménopause, notamment les céphalées causées par la brusque chute d'œstrogène. Prendre le THS pendant plusieurs années procure d'autres avantages, comme de réduire le risque d'ostéoporose et de fractures des os. Le risque de cardiopathie, d'AVC et de thrombose veineuse est plus élevé chez les femmes qui commencent le THS plus tard. La plupart des médecins recommandent de commencer le traitement autour de la ménopause et le prennent pendant quelques années seulement. De cette façon, les bienfaits du THS l'emportent sur les risques possibles.

POINTS CLÉS

- Certaines femmes rapportent que leurs céphalées ou leurs migraines s'aggravent au moment de leurs règles (migraine des règles) ou qu'elles sont liées au syndrome prémenstruel (SPM).
- Il n'existe aucun test spécifique pour la migraine des règles.
- Les traitements hormonaux, comme la pilule combinée, peuvent soulager la migraine chez certaines femmes, mais chez d'autres, la migraine peut s'aggraver ou l'aura peut se développer. Dans ce cas, on peut envisager une méthode de contraception alternative.
- De nombreuses femmes découvrent que leurs accès de migraine deviennent plus fréquents ou plus intenses au cours des années qui mènent à la ménopause; après la ménopause, ils deviennent plus rares et moins intenses.
- Le traitement hormonal substitutif, en dose appropriée et administré par la bonne voie (en général non orale), soulage souvent la migraine en période de périménopause.

Les céphalées chez les adultes des deux sexes

Toutes les études épidémiologiques confirment que les céphalées et les migraines de tension sont plus courantes chez les femmes. Des études menées au Danemark ont montré que la céphalée de tension affecte 86 % des femmes et 63 % des hommes chaque année; 16 % des femmes et 5 % des hommes souffrent de migraine chaque année. Néanmoins, les hommes souffrent aussi de céphalées et tout comme de nombreuses femmes, ils ne reçoivent pas l'attention et le traitement dont ils ont besoin. C'est peut-être pire dans le cas des hommes, car selon la ligne de pensée qui veut que « tout se passe dans la tête », le stigmate les marque davantage.

Heureusement, cette ligne de pensée évolue à mesure que l'on découvre que de nombreuses céphalées résultent de changements précis dans les processus chimiques du cerveau. De plus, on a développé des traitements spécifiques qui ont changé la vie de nombreux migraineux.

Les garçons souffrent de la migraine surtout au moment de leur poussée de croissance, à la puberté. Les parents remarquent qu'ils doivent souvent acheter des vêtements ou des souliers de plus grande taille. À cette étape, une bonne alimentation, des repas réguliers et des médicaments pour contrôler les symptômes suffisent en général à prévenir les accès de migraine.

Le sport est un déclencheur courant chez les adolescents et même chez les adultes, en particulier les efforts physiques soutenus comme les sports de compétition. On peut souvent prévenir la migraine en buvant beaucoup de liquide pour éviter la déshydratation et prendre des collations ou des bonbons sucrés pour maintenir les niveaux d'énergie. De petits coups à la tête pendant une pratique sportive, comme un jeu de tête au football, peut déclencher une aura migraineuse instantanée qui n'est pas nécessairement suivie d'une céphalée. Bien que ces accès soient imputables à la migraine en général, il vaut mieux consulter un médecin pour vous assurer qu'il n'y a pas de causes sous-jacentes.

Le milieu de travail et le travail lui-même peuvent déclencher des accès de migraine et d'autres céphalées, qu'il s'agisse d'un poste de travail mal organisé qui provoque des tensions musculaires, d'un mauvais éclairage ou d'une ventilation inadéquate. Le travail peut en souffrir. La migraine est une cause importante de productivité réduite et de congés de maladie. Les délais et autres stress du travail peuvent être des déclencheurs importants aggravés de surcroît par les fréquents accès de migraine. Certaines entreprises embauchent des spécialistes en santé au travail, les premières personnes-ressources qui peuvent souvent remédier à de nombreuses causes sous-jacentes. Si votre employeur ne peut vous aider en cette matière, consultez d'abord votre médecin.

Les céphalées (migraines et autres types) peuvent être un symptôme d'alcoolisme, d'abus de drogues ou de médicaments, de dépression et de conflits conjugaux chez les deux sexes et, dans ces cas, ils doivent d'abord régler le problème d'origine.

Quelques types de céphalée affectent plus les hommes que les femmes, comme la céphalée liée aux relations sexuelles, qui est aussi plus courante chez ceux qui souffrent de migraine ou d'hypertension (voir « Les autres causes de céphalées », p. 96). L'algie vasculaire de la face est rare et touche habituellement les hommes (voir « L'algie vasculaire de la face et l'hémicrânie paroxystique chronique », p. 36).

POINTS CLÉS

- Les céphalées et les migraines sont moins courantes chez les hommes que chez les femmes.
- Les garçons souffrent de céphalées au moment de leur poussée de croissance, à la puberté.
- On peut souvent prévenir les migraines liées aux sports en buvant beaucoup de liquide et en prenant régulièrement des collations pour maintenir son énergie.
- Les gens peuvent souffrir de céphalées dans des conditions de travail stressantes et si leur poste de travail est mal organisé.

Les céphalées chez les enfants

Les céphalées, courantes chez les jeunes, affectent jusqu'à 60 % des enfants et des adolescents. Elles sont rarement préoccupantes, les déclencheurs sont souvent évidents, comme les repas sautés, la déshydratation, la fatigue ou la surexcitation, et elles s'améliorent rapidement si on évite les déclencheurs ou qu'on traite la cause sous-jacente.

La migraine est souvent mal diagnostiquée chez les enfants, bien qu'elle compte pour 5 à 10 % de leurs céphalées, avec une prévalence accrue chez les filles après la puberté. Il est important de reconnaître la migraine chez les enfants pour les raisons suivantes :

- elle peut être une cause importante du temps perdu à l'école, avec les conséquences que l'on sait sur les études et les accomplissements à long terme;
- on peut la prévenir et la traiter;
- les enfants qui apprennent tôt comment la gérer auront recours à ces méthodes efficacement à l'âge adulte.

Est-ce une migraine ?

Les céphalées à répétition accompagnées de nausée ou de vomissements, sans aucun symptôme entre les accès, peuvent être une migraine. Certains enfants sont pâles et bâillent quelques heures avant le début de la céphalée; d'autres débordent d'énergie. Quelques enfants ont une aura visuelle avant la céphalée, qu'ils peuvent le plus souvent mieux « dessiner » que décrire. L'accès prend fin avec les vomissements ou le sommeil, souvent très rapidement.

Bien que ces symptômes soient très semblables à ceux de la migraine adulte, il existe des différences importantes. Chez les enfants :

- les accès sont plus courts, moins d'une heure parfois;
- la céphalée affecte habituellement les deux côtés de la tête;
- la céphalée peut n'être qu'un symptôme bénin;
- la nausée, les vomissements et les douleurs abdominales sont des symptômes plus dominants.

Il peut être utile de tenir un journal pour confirmer le profil des accès et aider l'enfant à identifier les signes précurseurs.

La migraine abdominale

Les enfants décrivent cette migraine comme un « mal de tête dans mon ventre », car la céphalée est souvent légère ou absente. Sauf si on remarque la régularité des accès, elle est souvent mal diagnostiquée et on la confond avec la gastro-entérite (un dérangement d'estomac). Du coup, l'enfant ne reçoit pas le traitement approprié.

Cela dit, la douleur abdominale est un symptôme de nombreux autres problèmes de santé qui touchent les enfants, notamment le syndrome du côlon irritable ou même la maladie cœliaque (intolérance au gluten). Par conséquent, tout enfant qui souffre de douleur abdominale à répétition doit subir un examen médical en vue d'éliminer les autres causes avant de poser le diagnostic de migraine.

Le syndrome des vomissements cycliques

Les vomissements cycliques (vomissements à répétition pendant plusieurs jours) sont probablement une variante de la migraine abdominale. Avec les vomissements persistants, l'enfant peut devenir très déshydraté et l'hospitalisation est parfois nécessaire pour rétablir les fluides. Heureusement, un antiémétique efficace peut souvent réduire la gravité des accès.

Les causes probables

Tout comme chez les adultes, la migraine est déclenchée par une combinaison de facteurs plutôt qu'un seul, et les mêmes types de déclencheurs s'appliquent (voir « Les déclencheurs de la migraine », p. 29). Les enfants connaissent souvent leurs déclencheurs habituels : manque de sommeil, exercice, repas sautés ou retardés et inquiétudes relatives à l'école ou à la maison. Les conflits parentaux ou l'intimidation peuvent être des déclencheurs importants chez les enfants et peuvent facilement passer inaperçus. Tout comme pour les adultes, un journal peut être très utile pour déterminer de quelle façon les déclencheurs s'accumulent avec le temps. Les enfants peuvent apprendre à reconnaître les situations plus susceptibles de provoquer des accès, ce qui leur permet de traiter les accès dès qu'ils se manifestent.

L'alimentation inappropriée est probablement le principal déclencheur chez les enfants, surtout pendant la poussée de croissance chez les adolescents. Les parents doivent s'efforcer de bien faire déjeuner leurs enfants et s'assurer qu'ils prennent des collations et des repas sains à l'école. La constipation est souvent négligée comme cause de la céphalée et peu de parents connaissent la situation de leur enfant à ce propos.

Habituellement, les parents peuvent remédier à ce problème en augmentant l'apport en fibres alimentaires de leur enfant (plus de fruits et de légumes, par exemple) et en liquide. Un laxatif doux peut être nécessaire à l'occasion.

Une allergie ou une intolérance alimentaire peut être un déclencheur chez quelques enfants qui ont constaté, hors de tout doute, une relation entre certains aliments et l'apparition de la migraine. Dans ces cas, il peut être utile de consulter un spécialiste.

Cela dit, pour la plupart des enfants, il n'est pas nécessaire de restreindre les aliments, même le chocolat ! Les enfants en mangent souvent et alors, ils n'ont plus d'appétit pour le repas. Le vrai déclencheur est le repas sauté, donc mieux vaut un changement de routine qu'une interdiction de chocolat.

Le sport est un déclencheur courant chez les enfants. Les comprimés de glucose avant et après la pratique sportive peuvent aider, en plus d'une collation à la mi-temps, beaucoup de liquide pour éviter la déshydratation. Comme chez les adultes, de petits coups à la tête peuvent aussi déclencher un accès de migraine.

Les voyages et le mal des transports déclenchent la migraine. On peut y remédier en prenant fréquemment de petites collations, en s'assoyant près d'une fenêtre ouverte et en s'arrêtant régulièrement.

Traiter les symptômes

La migraine est souvent mal gérée chez les enfants, malgré le fait que de nombreux enfants doivent garder le lit pendant un accès ou subissent des accès si intenses qu'ils en pleurent de douleur.

Les thérapies simples, comme de se reposer dans une pièce tranquille et sombre, une bouillotte chaude ou un bloc réfrigérant – ce que l'enfant préfère pour soulager la douleur – et un massage en douceur peuvent suffire à contrôler les symptômes bénins. La plupart des enfants veulent s'étendre pendant un accès et on doit les encourager à dormir, car cela peut accélérer leur guérison.

Le traitement avec les médicaments doit être simple. Administrés au début de l'accès, les analgésiques en vente libre peuvent suffire. Il est important que ces analgésiques soient spécialement formulés pour le groupe d'âge de votre enfant. Les sirops de formule junior conviennent aux jeunes enfants. Les plus âgés et les adolescents peuvent préférer les comprimés à mâcher ou dissous dans une boisson sucrée effervescente, de goût plus agréable et plus efficaces. Le traitement doit être administré à petites doses et le plus tôt possible.

Le médicament de choix est habituellement Junior Paracetamol, car il est offert en sirop pour les très jeunes enfants et en suppositoires. L'ibuprofène formule junior est plus efficace. L'aspirine n'est pas recommandée pour les enfants de moins de 16 ans parce qu'on a établi un lien entre l'utilisation chez les enfants et une affection rare du cerveau et du foie, le syndrome de Reye. Migraleve est un comprimé en vente libre pour les enfants de plus de 10 ans qui contient du paracétamol, de la codéine et de la buclizine, qui aide à soulager la nausée. On doit éviter tout médicament contenant de la caféine.

Si les analgésiques ne suffisent pas à contrôler les symptômes, vous pouvez obtenir d'autres médicaments sur ordonnance. En cas de besoin, le médecin peut prescrire un analgésique avec de la dompéridone pour favoriser l'absorption de l'analgésique et contrôler la nausée.

Des études ont prouvé l'efficacité des triptans chez les enfants, mais la plupart ne les recommandent pas pour des patients de moins de 18 ans. Une seule exception, le sumatriptan en vaporisation nasale, qui peut être administré aux patients de plus de 12 ans.

Prévenir les accès

La détermination et la gestion des déclencheurs sont la base de la gestion de la migraine chez les enfants. Les thérapies comme la rétroaction biologique et les techniques de relaxation sont aussi très efficaces (voir « Vivre avec la migraine : thérapies complémentaires », p. 76).

Il est rarement nécessaire de donner des médicaments préventifs quotidiens aux enfants. Toutefois, un traitement à court terme peut s'avérer nécessaire lorsque les accès sont très invalidants et que les traitements symptomatiques n'arrivent pas à les contrôler. Les médicaments préventifs les plus courants sont le propanolol et le pizotifène (médicament de choix). On a obtenu de bons résultats avec la cyproheptadine.

Les céphalées à l'école

Il est très important d'aviser l'école que votre enfant souffre de migraines, surtout si votre enfant est susceptible d'avoir un accès à l'école. Il est préférable de donner des instructions écrites précises au personnel, en insistant sur la nécessité d'un traitement précoce. Cela dit, les écoles ont différents règlements à l'égard des soins. Dans certaines écoles, les professeurs ou les infirmières peuvent donner certains médicaments alors qu'ailleurs, l'école téléphonera aux parents pour qu'ils viennent chercher l'enfant.

De nombreux parents et enfants s'inquiètent qu'un accès de migraine puisse nuire à des examens importants. Heureusement, en général la migraine se produit après plutôt qu'avant l'événement stressant. Cela signifie que si la migraine a nui à l'enfant pendant qu'il se préparait à l'examen, il n'est pas affecté le jour même.

Si de fréquentes migraines affectent la révision de votre enfant ou si plusieurs examens de longue durée sont prévus pendant plusieurs jours, on doit éviter d'autres déclencheurs possibles en mangeant régulièrement, en dormant suffisamment, en prenant des pauses régulières, en prenant un peu d'air frais et en faisant de l'exercice. Au besoin, un médecin peut prescrire un traitement de courte durée avec un bêta-bloquant comme le propanolol en vue de prévenir les accès. Tout médicament doit être essayé avant les examens en vue de vous assurer que les effets secondaires ne nuiront pas au rendement de votre enfant.

Est-ce qu'elles disparaîtront ?

Avec le temps, c'est le cas pour les garçons, bien que la poussée de croissance de la puberté soit une période difficile. Malheureusement, les filles en souffriront probablement de façon constante et de nombreuses femmes constatent qu'elles s'aggravent pendant les années précédant la ménopause. Heureusement, la migraine tend à disparaître pour les hommes et les femmes à un âge plus avancé.

Est-ce qu'il s'agit d'un problème plus grave ?

Il est rare qu'un problème médical sous-jacent provoque des céphalées à répétition, mais si vous avez des craintes, communiquez avec votre médecin. Parmi les événements particuliers qui demandent une attention médicale, mentionnons :

- une nette augmentation de la fréquence, de l'intensité ou de la durée des accès;
- un échec scolaire récent;
- un changement de personnalité;
- l'absence de croissance ou un retard du développement normal;
- la fièvre;
- des symptômes persistants ou qui évoluent;
- de nouveaux symptômes.

Lorsque le traitement échoue

Lorsque l'enfant souffre de fréquents accès de migraine et que les stratégies de gestion les plus simples ne parviennent pas à les contrôler, il importe d'envisager d'autres causes.

La dépression est souvent méconnue chez les enfants. On doit l'envisager lorsque l'enfant perd du poids, se replie sur lui-même et que son sommeil est troublé, lorsque selon toute apparence il n'y a aucune cause physique. L'intimidation à l'école ou les bouleversements émotionnels peuvent être des facteurs sous-jacents à prendre en compte.

Les enfants peuvent aussi souffrir de céphalées en raison d'abus de médicaments, même de paracétamol (voir « La céphalée chronique quotidienne », p. 121). Les médicaments symptomatiques ne doivent donc pas être pris régulièrement plus de deux ou trois jours par semaine. Si le problème se développe, il suffit de cesser les médicaments.

POINTS CLÉS

- Les accès de migraine chez les enfants sont plus courts que chez les adultes. Les symptômes abdominaux, comme la nausée et les vomissements, sont plus prononcés que la céphalée.
- La mauvaise alimentation (repas sautés, pas assez de fruits et de légumes) est probablement le principal déclencheur de migraines chez les enfants; le sport intensif, l'excitation, les bouleversements émotionnels et rarement l'intolérance ou les allergies alimentaires sont d'autres déclencheurs possibles.
- L'ibuprofène formule junior est le médicament de choix pour traiter les accès de migraine chez les enfants.
- Si leur enfant est sujet aux accès de migraine, les parents doivent en aviser l'école.

Les céphalées chez les personnes âgées

Les personnes âgées souffrent de céphalées, de migraines, de migraines de tension et de céphalées chroniques quotidiennes pour de nombreuses raisons (voir le prochain chapitre). Nous traiterons ici des céphalées propres aux personnes âgées. À moins que la raison de votre céphalée soit évidente et qu'elle réponde bien au traitement, vous devriez en vérifier les causes auprès de votre médecin, qui peut vous traiter ou vous référer à un spécialiste pour subir des tests plus poussés au besoin.

Les tumeurs cérébrales

Il est rare que les céphalées soient le premier ou le seul symptôme d'une tumeur cérébrale. Le plus souvent, vous éprouvez des symptômes tels qu'une faiblesse inhabituelle, une perte de la vision ou des accès qui s'aggravent progressivement à mesure que la tumeur croît. Néanmoins, si vous avez plus de 50 ans et que vous souffrez soudain d'une céphalée inhabituelle, en particulier si vous éprouvez de la faiblesse ou des sensations désagréables dans un bras ou une jambe, consultez votre médecin.

L'empoisonnement au monoxyde de carbone

Au cours de l'hiver, les personnes âgées utilisent souvent des radiateurs à gaz, qui peuvent être défectueux ou inefficaces et dégager du monoxyde de carbone. Cela peut mener à un empoisonnement, la vraie cause, souvent ignorée, d'une céphalée pulsatile, de la fatigue, des étourdissements et de la nausée.

Une flamme jaune plutôt que bleue indique une fournaise au gaz défectueuse et produit des dépôts de suie sur la plaque de céramique à l'arrière. Si vous soupçonnez que votre appareil au gaz est défectueux, communiquez avec le service approprié de votre région.

Les problèmes dentaires

Une mauvaise dentition et un dentier mal ajusté peuvent causer une douleur faciale intense et déclencher un accès de migraine.

Les articulations de la mâchoire qui craquent ou qui se bloquent peuvent provoquer une tension dans les muscles que vous utilisez pour mastiquer et mâcher, et déclencher une douleur dans vos tempes. Si vous croyez que c'est votre cas, consultez votre dentiste. Il peut recommander de simples exercices pour détendre vos muscles et soulager la douleur. Les médicaments comme l'amitriptyline peuvent aussi aider. Il est parfois nécessaire de consulter un orthodontiste pour ajuster votre occlusion.

La dépression

Elle peut découler d'un manque de sommeil et d'une mauvaise alimentation et être à l'origine des céphalées. Elle est difficile à traiter chez les personnes âgées parce qu'un bon nombre de ces personnes vivent seules avec peu de soutien social pour combattre la solitude. Les antidépresseurs, bien que souvent prescrits, doivent être utilisés avec prudence, car les effets secondaires sont plus courants dans leur cas.

Les effets secondaires d'autres médicaments

La céphalée peut être l'effet secondaire d'un autre médicament et il est rarement diagnostiqué. Les médicaments qui peuvent déclencher une céphalée sont par exemple ceux qu'on utilise pour traiter certaines affections cardiaques comme la nifédipine, la nitroglycérine et le dinitrate d'isosorbide. Certains médicaments prescrits pour l'hypertension peuvent aggraver les céphalées tandis que d'autres, comme les bêta-bloquants, soulagent les deux problèmes.

Si vous prenez plusieurs médicaments pour vos problèmes médicaux autres que la céphalée, informez-vous auprès de votre médecin ou de votre pharmacien pour vous assurer qu'ils ne peuvent pas être à l'origine de vos céphalées.

Les AVC

À mesure que les gens vieillissent, il se forme des dépôts dans leurs artères, ce qui entrave le flux sanguin. Ce processus porte le nom d'athérosclérose et il est lié à un risque accru d'AVC et de crise cardiaque.

À l'occasion, les symptômes de la migraine (troubles visuels) peuvent ressembler à ceux de mini-accidents cardiovasculaires connus sous le nom d'accidents ischémiques transitoires ou IST, ce qui est peu probable chez les migraineux qui ont souffert des mêmes accès de migraine tout au long de leur vie, mais ils peuvent être sérieux chez ceux qui en souffrent pour la première fois tardivement. Quiconque développe des problèmes de vision pour la première fois doit consulter son médecin sans tarder.

La maladie de Horton

Elle est rare chez les jeunes et atteint surtout les gens de plus de 50 ans, en particulier les femmes. Sa cause est inconnue. Les artères des tempes, entre autres sont irritées et enflées.

Les artères sous la peau des tempes deviennent douloureuses, surtout au toucher, et la peau rougit. La céphalée fait partie des symptômes, avec la douleur des deux côtés et plus intense à l'endroit des vaisseaux atteints. Quelquefois, la mastication peut causer des douleurs dans les muscles de la mâchoire.

Le trouble peut affecter d'autres vaisseaux sanguins à l'intérieur de la tête, y compris l'artère temporale, qui apporte le sang aux yeux. Si cela se produit, vous pouvez devenir aveugle. Si vous croyez souffrir de cette maladie, vous devez absolument en parler à votre médecin de toute urgence, en vue de prévenir la cécité.

Une simple analyse sanguine peut confirmer le diagnostic, bien qu'à l'occasion il soit nécessaire de prélever un petit échantillon du vaisseau atteint. Les stéroïdes soulagent rapidement la douleur et empêchent la cécité de se développer, mais on doit poursuivre le traitement pendant une longue période.

La névralgie faciale

Elle est plus courante chez les personnes âgées et légèrement plus fréquente chez les femmes. La douleur est limitée à un nerf du visage qui provoque de brusques spasmes de douleur fulgurante et violente (dans les joues et la mâchoire), pendant quelques secondes seulement. On la compare souvent à un choc électrique. Elle survient à intervalles tous les jours pendant plusieurs mois ou semaines.

Parmi les déclencheurs, notons la mastication, le nettoyage des dents, le rasage et le vent froid sur votre visage. On la contrôle à l'aide de la carbamazépine. Quelques personnes atteintes continuent de souffrir et doivent recourir à une intervention chirurgicale.

POINTS CLÉS

- Les céphalées chez les personnes âgées peuvent avoir une cause sous-jacente qui nécessite l'intervention d'un spécialiste.
- Il est inhabituel que les céphalées soient le premier et seul symptôme d'une tumeur cérébrale.
- Les problèmes dentaires peuvent causer une douleur faciale intense et déclencher une migraine.
- Les céphalées peuvent être un effet secondaire des médicaments sur ordonnance, comme certains médicaments pour traiter les affections cardiaques.
- La maladie de Horton peut causer des céphalées. Elle doit être diagnostiquée et traitée tôt, avant le développement de la cécité.

La céphalée chronique quotidienne

Les céphalées quotidiennes résultent le plus souvent d'une contraction musculaire ou encore elles sont liées à un stress ou une tension. Nous décrirons les deux causes ci-dessous. La migraine ne survient pas tous les jours, mais les accès peuvent se produire chez les gens qui souffrent aussi de céphalées quotidiennes, ce qui rend le diagnostic plus difficile. Lorsque différents types de céphalées surviennent, il est très important de diagnostiquer chacune d'entre elles séparément.

Il est plus important de traiter d'abord la cause de votre céphalée quotidienne, avant de vous attaquer à votre migraine, car celle-ci s'améliore souvent sans autre intervention. Les céphalées quotidiennes peuvent survenir à la suite de l'abus de traitements symptomatiques – ce qui fait que les céphalées ne répondent plus aux autres stratégies de traitement.

Les céphalées quotidiennes peuvent être le symptôme d'une maladie sous-jacente, par exemple, la maladie de Horton (voir p. 119), ou d'une infection chronique, comme la sinusite (voir p. 141). En général, une fois la cause sous-jacente résolue, elles cessent. Plus rarement, elles n'ont pas de cause connue et répondent mal à tout traitement. Lorsque les causes graves sont exclues, vous pouvez traiter la douleur.

La céphalée par contraction musculaire

La plupart des gens ont souffert de douleurs musculaires après un exercice inhabituel. Vos muscles peuvent être endoloris et sensibles au toucher. Un doux massage ou un bain chaud peuvent vous soulager. Les muscles de votre tête ne sont pas différents. La douleur est souvent localisée et vous savez exactement où se situe la douleur, contrairement à la douleur généralisée de la céphalée de tension (voir ci-contre).

Vous pouvez sentir une douleur à un endroit précis, alors qu'elle provient d'un endroit plus éloigné : la douleur dans vos tempes peut provenir des articulations de votre mâchoire; les douleurs musculaires du cou et des épaules peuvent aussi provoquer des céphalées. Bien que les analgésiques puissent vous procurer un soulagement temporaire dans les 30 à 45 minutes, ils ne traitent que les symptômes, et non pas la cause.

Une gestion efficace doit viser le traitement et la prévention du problème physique sous-jacent à l'aide de thérapies comme l'exercice, la physiothérapie, les massages, etc. Les causes évidentes, comme de tenir le téléphone sur votre épaule pendant une longue période au travail ou de vous asseoir devant un ordinateur à la mauvaise hauteur, peuvent souvent être rectifiées rapidement. Pour de plus amples détails, consultez le chapitre « Les autres causes de céphalées » (p. 136).

Les céphalées de tension liées au stress

Le stress psychologique ou l'anxiété peuvent provoquer une tension des muscles du cuir chevelu et du cou, ce qui entraîne une céphalée. Les personnes qui en souffrent la décrivent souvent comme un « bandeau autour de la tête » ou un « poids sur le dessus de la tête ». La douleur est souvent ressentie partout dans la tête et la plupart du temps, fluctuant au cours de la journée. Elle peut perturber votre sommeil, surtout si vous êtes déprimé ou anxieux.

Les analgésiques ont en général peu d'effet, bien qu'ils puissent atténuer la douleur pendant quelques heures. Pour gérer votre céphalée efficacement, vous devez traiter la cause sous-jacente, comme par exemple traiter la dépression ou gérer le stress (voir les titres *Comprendre le stress* et *Comprendre la dépression* de cette série). Au besoin, un antidépresseur comme l'amitriptyline peut être efficace, surtout si votre sommeil est troublé.

Les céphalées liées à l'abus de médicaments

Le recours limité aux traitements symptomatiques comme les analgésiques, les triptans ou l'ergotamine est sécuritaire et efficace. Toutefois, l'utilisation répétée peut avoir l'effet inverse. En prenant des analgésiques trop régulièrement, vous pouvez perpétuer le cycle de la douleur plutôt que de l'interrompre, et en conséquence, souffrir souvent de céphalées, quelquefois tous les jours, avec des accès de migraine plus fréquents.

Quels sont les symptômes ?

Habituellement, vous souffrez de temps à autre d'un accès de migraine, que vous soulagez à l'aide d'analgésiques ou de traitements spécifiques pour la migraine.

De nombreux muscles contrôlent le mouvement de la tête et nous n'en voyons ici que quelques-uns.

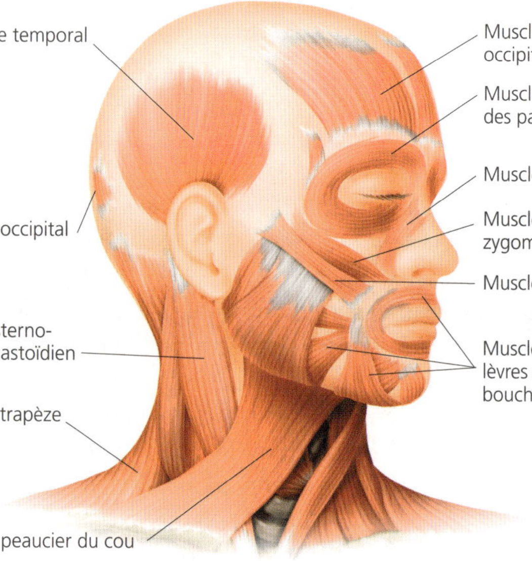

La tension des muscles de votre tête, de votre cou et de vos épaules peut causer des céphalées. Vous pouvez sentir une douleur à un endroit précis de votre tête, alors qu'elle provient d'un endroit plus éloigné. Un traitement efficace vise le problème physique sous-jacent plutôt que le soulagement des symptômes.

Pour différentes raisons, vous pouvez prendre des médicaments plus souvent et, en fin de compte, presque tous les jours, quelquefois plusieurs fois par jour.

Il est possible qu'une autre céphalée se soit développée peut-être en raison du stress ou d'une douleur musculaire, ou encore votre crainte exagérée de la migraine vous a poussé à prendre un traitement anticipé. Progressivement, vos céphalées sont plus fréquentes jusqu'à ce qu'elles surviennent presque tous les jours.

Votre céphalée quotidienne est habituellement plus intense à l'éveil, peut-être parce que les niveaux d'analgésiques sont au plus bas à ce moment de la journée. La douleur est sourde et constante, mais elle peut varier pendant la journée. Vous pouvez obtenir un soulagement temporaire (souvent partiellement) avec des analgésiques ou des traitements pour la migraine. Même si le médicament a peut d'effet, une migraine peut se développer, sauf si vous suivez un traitement, ce qui perpétue le cycle d'abus.

Parmi les autres symptômes, notons la fatigue, la nausée, l'irritabilité, la perte de mémoire et l'insomnie.

Comment se développe la céphalée liée à l'abus de médicaments

Elle peut survenir chez toute personne qui prend un traitement symptomatique pour la céphalée sur une base régulière, plus de trois jours par semaine pendant trois mois ou plus, peu importe la quantité que vous prenez. Si vous prenez régulièrement la pleine dose d'analgésiques moins de deux jours par semaine, vous n'êtes probablement pas à risque. Néanmoins, si vous ne prenez que quelques analgésiques (moins que la pleine dose) presque tous les jours, vous pouvez aggraver vos céphalées.

On ignore le mécanisme précis de ce type de céphalée, mais en général, on croit qu'il pourrait s'agir d'une perturbation des systèmes centraux de la douleur. Fait à noter, seules les personnes sujettes aux céphalées semblent développer ce syndrome, de même, il est rare chez ceux qui prennent des analgésiques tous les jours, pour des raisons autres que la céphalée (arthrite ou douleur au dos, par exemple).

Quel est le traitement ?

Les céphalées résistent à la plupart des médicaments et le seul traitement efficace est de cesser les médicaments, sur-le-champ ou progressivement, en réduisant la quantité pendant plusieurs semaines. Le sevrage se manifeste par des céphalées particulièrement intenses, des nausées, des vomissements et l'anxiété. L'insomnie apparaît dans les 48 heures et peut durer jusqu'à 2 semaines.

Des études cliniques ont montré que jusqu'à 60 % des personnes atteintes qui suivent un sevrage constatent une amélioration de leur état, bien que cela puisse prendre jusqu'à 3 mois. Le médecin peut prescrire de l'amitriptyline et du naproxène (à prendre tous les jours) pour faciliter le sevrage. Toutefois, ces médicaments sont efficaces seulement si vous cessez de prendre tous les autres médicaments pour les céphalées. Même si elles persistent trois mois après l'arrêt du traitement, en général la cause sous-jacente devient apparente et répond mieux au traitement spécifique.

POINTS CLÉS

- La céphalée chronique quotidienne est souvent due à une contraction musculaire ou est liée au stress.
- Les céphalées quotidiennes peuvent avoir une cause sous-jacente, comme la sinusite.
- Le traitement trop régulier avec des analgésiques, habituellement plus de trois jours par semaine pendant trois mois ou plus, peut provoquer les céphalées quotidiennes (céphalée liée à l'abus de médicaments).

L'algie vasculaire de la face et l'hémicrânie paroxystique chronique

L'algie vasculaire de la face et l'hémicrânie paroxystique chronique sont des céphalées très différentes de la migraine. Les accès sont de courte durée, comparativement aux accès de migraine et leur profil de symptômes est typique.

Bien qu'en raison de ces symptômes il soit facile de poser un diagnostic, comme ils sont rares, il est possible qu'ils soient attribués à la migraine ou à un autre type de céphalée, surtout si la personne atteinte souffre déjà de migraine. Beaucoup de gens qui souffrent de ces affections n'obtiennent pas le bon traitement pendant des années. Bien qu'il existe rarement une cause sous-jacente et qu'il ne soit pas nécessaire de recourir à des tests pour poser le diagnostic, certains cas, surtout ceux qui présentent des symptômes atypiques (différents des cas habituels) peuvent souffrir d'un autre problème de santé.

L'algie vasculaire de la face

Il s'agit d'une céphalée qui provoque une douleur violente. Elle affecte environ 1 personne sur 1 000 et elle est 5 fois plus courante chez les hommes que chez les femmes.

On lui a donné différents noms au cours des siècles, notamment névralgie sphénopalatine, céphalée de Horton et érythroprosopalgie. Le profil de l'algie vasculaire est très particulier. Les céphalées surviennent habituellement vers la fin de la vingtaine ou de la trentaine. Il semble qu'il y ait un lien avec le tabagisme parce que de nombreuses personnes atteintes sont de gros fumeurs où ils l'étaient dans le passé. Celles qui n'ont jamais fumé rapportent souvent que leurs parents fumaient beaucoup. Malheureusement, cesser de fumer a peu d'effets sur les symptômes.

Les accès se produisent par période, habituellement pendant plusieurs semaines une ou deux fois par année, au même moment de l'année. Certaines personnes en souffrent presque constamment.

Pendant la période des accès, ceux-ci surviennent en moyenne à raison de un à trois accès par jour avec une douleur intense d'un côté de la tête, et durent de 20 minutes à 2 ou 3 heures. Les accès réveillent souvent la personne à peu près au même moment chaque nuit. La douleur augmente rapidement et elle atteint son paroxysme quelques minutes suivant son apparition. La céphalée survient toujours du même côté pendant chaque période et habituellement, elle est centrée sur un œil. Les larmes coulent et l'œil semble injecté de sang. La narine du côté touché est congestionnée et il peut y avoir un écoulement. Le côté opposé de la tête est absolument sans douleur.

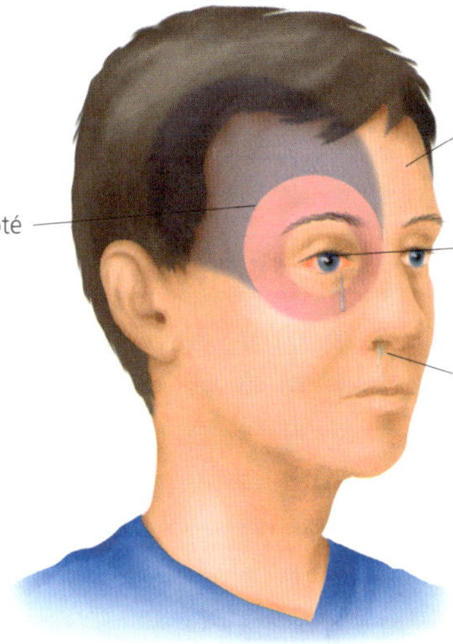

L'algie vasculaire de la face est une céphalée qui provoque une douleur violente, cinq fois plus courante chez les hommes que chez les femmes. La céphalée survient toujours du même côté pendant chaque période et habituellement, elle est centrée sur l'œil.

Contrairement au migraineux qui doit éviter les mouvements, la personne qui souffre d'algie vasculaire fait les cent pas en se tenant la tête et en la balançant d'avant en arrière. Elle peut exercer une pression si forte sur la région douloureuse qu'elle en saigne. Plusieurs se tiennent près d'une fenêtre ou vont prendre l'air frais à l'extérieur. La douleur est tellement forte que certaines personnes deviennent agressives au cours d'un accès ou se frappent la tête à répétition. Ceux qui ont souffert d'autres problèmes médicaux, comme des calculs rénaux, disent que la douleur de la céphalée est de loin supérieure.

Les symptômes disparaissent rapidement, mais la région autour de l'œil touché peut sembler contusionnée entre les accès.

L'alcool peut déclencher les accès, mais seulement pendant la période d'accès. Des recherches ont eu recours à l'alcool et d'autres substances qui dilatent les vaisseaux sanguins, comme la nitroglycérine et l'histamine, pour déclencher des accès. Aucun autre déclencheur n'a été établi et il est inutile d'éviter les déclencheurs de la migraine, bien que certaines personnes aient constaté un lien avec les moments particulièrement stressants.

Quelles sont les causes ?

Malgré des recherches médicales approfondies, elles demeurent inconnues. On s'intéresse surtout au moment des accès, qui semble lié au rythme circadien (horloge biologique). De nombreuses personnes rapportent que leurs accès se produisent autour du printemps et de l'automne. Des recherches récentes se sont attardées à la région de l'encéphale appelée hypothalamus, qui contrôle l'horloge biologique.

Est-ce qu'on peut en guérir ?

Heureusement, la situation s'améliore avec l'âge (après l'âge de 50 ans), surtout chez ceux qui souffrent de céphalées chroniques.

Le traitement de l'algie vasculaire

En plus d'éviter l'alcool pendant les périodes d'accès, on la traite avec des médicaments. Le traitement peut être « aigu » et traiter les symptômes dès leur apparition, ou être « prophylactique », et doit être pris tous les jours pour prévenir les accès. La plupart des gens doivent recourir aux deux traitements pour contrôler les accès au cours d'une période, car les traitements prophylactiques sont rarement efficaces à 100 %.

Le traitement aigu

Pour de nombreuses personnes, un traitement efficace et sécuritaire consiste à inhaler de l'oxygène à 100 % à raison de 7 litres par minute pendant 10 à 20 minutes, à l'aide d'un masque. Vous pouvez vous procurer une bouteille d'oxygène sur ordonnance, mais vous avez besoin d'un robinet pour régler le débit. Informez-vous auprès de la Migraine Association of Canada pour savoir quel matériel utiliser et de quelle façon vous le procurer. Utilisez une masque rigide dont les trous sont collés, maintenu fermement en place, et vous asseoir en vous penchant vers l'avant.

Votre médecin peut prescrire des injections de 6 mg sous-cutanées de sumatriptan, que vous pouvez utiliser au moment où la période d'accès survient. Elles agissent en moins de 10 minutes.

On recommande 2 injections en 24 heures au plus. Les effets secondaires et les contre-indications sont les mêmes que pour la migraine (voir « Vivre avec la migraine : consulter un médecin », p. 59).

Le traitement prophylactique

Les médicaments quotidiens peuvent réduire la fréquence et l'intensité des accès, ce qui fait qu'ils répondent mieux au traitement aigu. Les médicaments prophylactiques semblent plus efficaces s'ils sont administrés au début de la période d'accès. S'ils ne sont pas efficaces, il est possible que la dose soit insuffisante ou que le médicament ne vous convienne pas. Poursuivez le traitement pendant la durée habituelle de la période d'accès, puis réduisez la dose progressivement pendant une ou deux semaines. Si un accès se manifeste, augmentez la dose jusqu'à ce que le problème soit bien contrôlé, puis réduisez-la toutes les deux semaines jusqu'à ce que la période soit terminée. Il est courant de combiner les médicaments pour augmenter leur efficacité.

On utilise d'abord les inhibiteurs calciques (qui détendent les muscles des vaisseaux sanguins) comme le vérapamil. La dose est faible au départ, mais on l'augmente en 7 à 10 jours. Quelques personnes nécessitent des doses plus élevées, sous étroite supervision médicale. L'effet secondaire le plus courant est la constipation, mais les étourdissements, la fatigue et la nausée peuvent être présents.

On a recours à l'ergotamine quotidiennement pour l'algie vasculaire de la face épisodique. On ne doit pas l'utiliser régulièrement dans le cas de l'algie chronique, car elle peut causer des problèmes à long terme, en entravant l'apport sanguin aux petits vaisseaux, surtout dans vos doigts et vos orteils. Le médicament est administré sous forme de suppositoire une à quatre heures avant l'accès prévu (par exemple, avant le coucher pour les accès nocturnes). On doit continuer de le prendre seulement pendant la durée de la période d'accès et pas plus de six à huit semaines.

Les corticostéroïdes, comme la prednisolone, pris par voie buccale peuvent être efficaces pour prévenir une période d'accès si on les prend tôt.

Le méthysergide (chimiquement lié à l'ergotamine) est administré par voie buccale et c'est l'un des prophylactiques les plus efficaces. Toutefois, l'utilisation à long terme peut provoquer le développement de tissu cicatriciel à l'arrière de l'abdomen, ce qui peut nuire à l'appareil urinaire. Cette complication est connue sous le nom de fibrose rétropéritonéale, mais elle est rare et elle n'apparaît pas si on cesse le traitement pendant un mois après une utilisation de six mois. Des effets secondaires comme la nausée, la diarrhée et les crampes musculaires sont courants, mais peu probables si on augmente la dose progressivement.

On utilise souvent le lithium (un élément minéral qui a des effets sur la chimie sanguine) pour l'algie vasculaire chronique. Vous devrez subir régulièrement des analyses sanguines pour vous assurer que votre niveau de lithium sanguin est approprié. Parmi les effets secondaires, notons les nausées légères, la faiblesse et la soif, qui s'estompent avec l'utilisation prolongée. On doit éviter les diurétiques (augmentent la sécrétion urinaire), car ils peuvent augmenter les niveaux de lithium dans votre circulation et devenir toxiques.

Certaines autorités recommandent le pizotifène (un antagoniste de la sérotonine) et le valproate de sodium (un anticonvulsif), mais les données montrant leur efficacité dans le traitement de l'algie vasculaire de la face sont limitées.

L'intervention chirurgicale

On a tenté plusieurs interventions chirurgicales, y compris les injections de stéroïdes dans le nerf occipital, à l'arrière de la tête, du côté touché, mais cela n'apporte en général qu'un bref répit.

Si les symptômes résistent à tous les autres traitements, on peut envisager une chirurgie du ganglion de Gasser (à l'arrière de la joue), bien qu'elle ne soit pas sans risques (interférence avec les sensations du visage et de la bouche) et les résultats ne sont pas assurés.

L'hémicrânie paroxystique chronique

Elle est rare. Contrairement à l'algie vasculaire, elle touche deux à trois fois plus de femmes que d'hommes et survient habituellement au début de la trentaine. Les accès sont brefs et la douleur, très intense d'un côté de la tête, dure quelques minutes. Ils se produisent de 5 à 40 fois par jour.

Contrairement à l'algie vasculaire, les personnes atteintes préfèrent s'asseoir calmement ou même, se recroqueviller en boule dans leur lit pendant les accès. La plupart remarquent que des larmes coulent du côté touché et l'œil rougit.

Les mouvements comme se pencher ou tourner la tête, de même que les changements hormonaux comme ceux qui se produisent lors des règles comptent parmi les déclencheurs. La cause de l'hémicrânie est inconnue, mais on la traite presque toujours avec succès avec l'indométacine, un anti-inflammatoire (un traitement prophylactique). Le vérapamil apporte aussi un soulagement. L'état varie malgré les médicaments. Quelques personnes ont besoin de médicaments toute leur vie, mais la plupart auront des périodes de rémission qui peuvent durer plusieurs années.

POINTS CLÉS

- L'algie vasculaire se manifeste par périodes qui durent plusieurs semaines, et les accès se produisent en général une ou deux fois par année.
- On peut recourir à un traitement aigu (par exemple, l'oxygène 100 %) pour traiter les céphalées, alors que le traitement prophylactique peut prévenir les accès.
- L'hémicrânie paroxystique chronique provoque de brefs accès de douleur très intense d'un côté, qui durent quelques minutes, de 5 à 40 fois par jour. On peut prévenir les accès à l'aide de médicaments.

Les autres causes de céphalées

Nous avons déjà décrit les céphalées les plus courantes, les céphalées par contraction musculaire et les céphalées de tension (voir p. 122). Dans ce chapitre, nous aborderons environ une douzaine d'autres causes de céphalée et la façon de les gérer.

La céphalée liée au stress (tension)

Les céphalées, qui se manifestent par des « bandeaux » autour de la tête, résultent d'une tension accrue dans les muscles du cuir chevelu et de la nuque. En général, elles se produisent lorsque la personne vit un choc émotionnel, lorsqu'elle pleure par exemple et elles sont brèves. La céphalée cesse lorsque le déclencheur disparaît et il n'est pas nécessaire de recourir aux médicaments. Cela dit, les périodes de stress ou de dépression prolongées peuvent entraîner des céphalées quotidiennes qui demandent une intervention (voir « La céphalée chronique quotidienne », p. 121).

La gueule de bois

La grande majorité des gens ont vécu cette expérience. Bien que, de toute évidence, la meilleure façon de l'éviter soit de ne pas boire d'alcool, il y a cinq règles à suivre pour en minimiser les effets.

1 Ne jamais boire l'estomac vide. « Tapissez » votre estomac en mangeant quelque chose avant de boire, de préférence un aliment gras, pour ralentir la vitesse à laquelle l'alcool entre dans votre circulation.

2 Ne mélangez pas les boissons. Certaines contiennent des substances organoleptiques qui contribuent à la gueule de bois. Ce sont de petites molécules produites au cours de la fermentation et de la distillation de certains alcools, par exemple le brandy et le bourbon. La vodka et le gin en contiennent peu et sont moins susceptibles de causer une gueule de bois.

3 Mélangez l'alcool à un jus de fruit. Certains faits révèlent que le fructose naturel accélère le métabolisme (dégradation) de l'alcool, ce qui réduit les risques de gueule de bois. On trouve le fructose dans les fruits, les jus de fruit et le miel. Tenez-vous-en aux boissons alcoolisées contenant du jus de fruit et buvez un grand verre de jus de fruit avant d'aller dormir.

4 Buvez lentement. Votre organisme transforme l'alcool en dioxyde de carbone et en eau, mais auparavant, l'alcool est dégradé dans votre foie en acétaldéhyde et en acide acétique. Votre organisme peut dégrader l'alcool à une vitesse d'environ une unité par heure, ce qui équivaut à un quart de litre de bière, une mesure type de spiritueux ou un verre de vin. Si vous buvez plus vite, l'acétaldéhyde s'accumule et cette substance peut être responsable de la gueule de

bois. Vous pouvez aussi alterner avec une boisson gazeuse ou diluer l'alcool avec du jus de fruit ou un allongeur. Par contre, vous devez savoir que l'alcool entre dans votre circulation plus rapidement avec les allongeurs effervescents qu'avec un allongeur plat. Autrement dit, vous serez ivre plus vite avec du scotch et du soda qu'avec du scotch et de l'eau.

5 Ayez recours à des stratégies de survie de retour à la maison. Buvez un grand verre de jus de fruit et beaucoup d'eau avant d'aller au lit pour neutraliser les effets déshydratants de l'alcool. Évitez le café noir; rien n'indique vraiment que le café neutralise les effets de l'alcool, et il peut vous causer des problèmes d'estomac. Mangez quelque chose de léger et de facile à digérer, comme une rôtie au miel. Prenez un ou deux analgésiques. Une demie à une cuillerée à thé de bicarbonate de soude dans de l'eau tiède peut soulager votre estomac.

Les traumatismes crâniens

La plupart des gens se plaignent de céphalée lorsqu'ils ont subi un léger traumatisme crânien et qu'ils n'ont pas perdu connaissance. En général, la céphalée disparaît après quelques heures ou quelques jours. Même si le traumatisme est bénin, il importe de prendre du repos, de préférence en s'allongeant sur le dos dans un lit, jusqu'à ce que la céphalée disparaisse. Vous pouvez prendre un analgésique comme de l'aspirine ou du paracétamol.

Lorsque le traumatisme est plus grave et que le patient a perdu connaissance, même pendant un court moment, il doit consulter un médecin. Il peut passer la nuit à l'hôpital en cas d'hémorragie interne, car elle peut former un caillot. Cela entraîne d'autres symptômes, comme le ralentissement du pouls, la somnolence ou la perte de connaissance. Une intervention chirurgicale est nécessaire pour extraire le caillot.

Les céphalées liées aux sports

Le sport peut déclencher une céphalée, surtout si l'exercice est intense et soutenu. La stratégie de prévention la plus simple est de maintenir la glycémie avec des sucreries, de boire beaucoup de liquide pour prévenir la déshydratation et de pratiquer l'exercice progressivement, si possible.

Les coups légers à la tête, comme un jeu de tête au football, peuvent déclencher une migraine avec aura instantanée qui n'est pas toujours suivie d'une céphalée. Bien qu'il soit préférable de consulter un médecin, ces accès sont en général bénins.

Les céphalées de fin de semaine

De toute évidence, les gueules de bois sont plus courantes la fin de semaine, mais peu importe la quantité d'alcool ingérée, vous remarquerez peut-être que si vous dormez plus tard, vous souffrez d'une céphalée généralisée. Elle est peut-être déclenchée par le surcroît de sommeil, ou encore par le retard du déjeuner ou le sevrage de café.

Vous êtes plus susceptible de souffrir de migraine la fin de semaine, surtout si vous travaillez régulièrement du lundi au vendredi. Ce profil découle probablement d'une combinaison de facteurs qui s'accumulent au cours de la semaine, comme le stress, le manque de sommeil et les repas ratés. À ceux-ci s'ajoutent les déclencheurs de fin de semaine destinés à vous détendre, comme la grasse matinée et le déjeuner retardé. Il est bon de tenir un journal (voir « Vivre avec la migraine : conseils pratiques », p. 44), mais vous devez adopter une routine rigoureuse la fin de semaine, vous lever et prendre votre déjeuner à l'heure habituelle.

Les céphalées liées aux relations sexuelles (céphalées coïtales ou orgasmiques)

La céphalée associée à l'activité sexuelle touche plus d'hommes que de femmes et elle est plus courante chez les personnes qui souffrent de migraine ou d'hypertension. Elle est associée aux céphalées liées aux sports. Elle se manifeste le plus souvent par une céphalée sourde à l'arrière de la tête, qui s'intensifie progressivement à mesure que l'excitation sexuelle augmente. On croit qu'elle est liée à une contraction musculaire excessive dans la tête et le cou.

Vous pouvez prévenir la céphalée en relaxant vos muscles volontairement et si ce n'est pas efficace, vous pouvez prendre un anti-inflammatoire (comme le naproxène) ou un bêta-bloquant (comme le propanolol) sur ordonnance. Certaines personnes éprouvent une céphalée explosive intense au moment de l'orgasme, la « céphalée en coup de tonnerre » qui dure de 20 à 30 minutes.

Bien que sa cause sous-jacente soit rarement grave, elle peut quelquefois provenir d'une hémorragie cérébrale. Par conséquent, si vous souffrez de ce type de céphalée, consultez votre médecin. Des tests sont parfois nécessaires pour vous assurer que tel n'est pas le cas.

Les céphalées dues à la fatigue oculaire

La faiblesse, un déséquilibre de vos muscles oculaires ou un défaut de focalisation dans vos yeux peut parfois causer une céphalée. Elle se développe et devient plus intense lorsque vos yeux sont fatigués, ce qui provoque un malaise et un sentiment de lourdeur autour des yeux. Les lunettes ou les lentilles de contact peuvent souvent corriger la cause sous-jacente et atténuer le problème. Passez un examen de la vue.

La sinusite

En général, la sinusite est une infection de courte durée (sinusite aiguë) qui provoque une céphalée généralisée, de la fièvre et une douleur dans le sinus atteint (une cavité remplie d'air dans les os autour de votre nez, de vos joues et de vos yeux). La douleur s'intensifie avec des mouvements brusques ou soudains et lorsqu'on se penche. La région atteinte peut être sensible à la pression. Votre paupière inférieure peut être légèrement enflée.

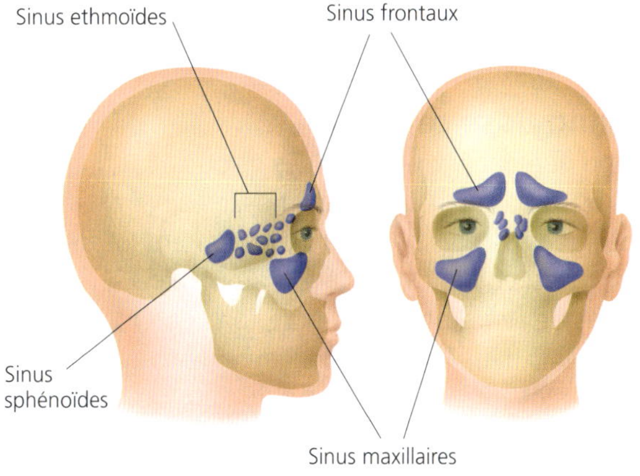

Les sinus sont des cavités remplies d'air dans les os du crâne autour des yeux, des joues et du nez. Une infection des sinus peut engendrer la douleur dans le sinus atteint, de la fièvre et une céphalée.

L'infection prolongée peut engendrer un malaise dans votre front, entre vos yeux, et devenir chronique. On la traite à l'aide d'antibiotiques et de décongestionnants.

Les problèmes dentaires

La céphalée peut être un symptôme d'infection dans votre bouche et être associée à une légère fièvre. Les craquements des os la mâchoire, les grincements ou la crispation des dents peuvent aussi déclencher une céphalée et une sensibilité à la pression des articulations de vos mâchoires et des muscles atteints. Consultez votre dentiste pour confirmer le problème.

Il peut vous recommander un protège-dents ou vous référer à un orthodontiste pour un traitement plus spécifique. Les exercices de détente peuvent soulager les céphalées liées à ces problèmes, car ils s'intensifient souvent avec le stress. La céphalée peut survenir lorsque vous mâchez de la gomme – un problème facile à régler !

La spondylose cervicale

Il s'agit d'une dégénérescence des os du cou, qui peut entraîner une compression de la moelle épinière. La plupart des gens de plus de 40 ans en souffrent jusqu'à un certain point, ce qui est apparent aux rayons X, et ils n'ont pas de symptômes. À l'occasion cependant, les changements dans la partie supérieure de votre colonne cervicale peuvent engendrer une douleur qui prend naissance dans votre nuque et s'étend jusqu'à l'arrière de votre tête. Toutefois, les céphalées sont plus souvent dues aux douleurs musculaires du cou et des épaules qu'aux problèmes de colonne vertébrale.

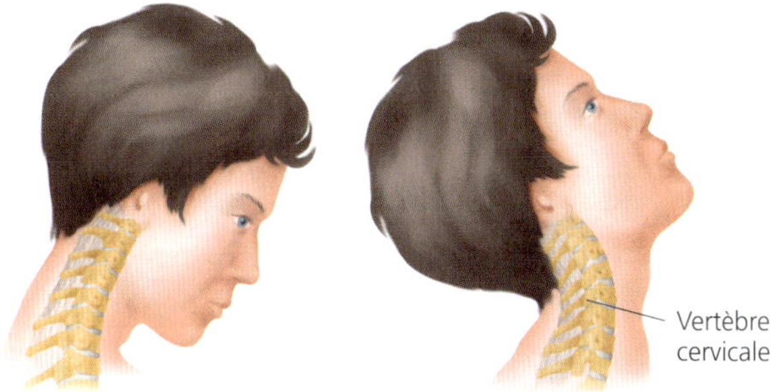

L'accident de voiture est la cause la plus fréquente du coup de fouet cervical.

Les blessures au cou

La plus courante est le coup de fouet cervical, où l'hyperextension brutale de la tête vers l'arrière est suivie d'une hyperflexion vers l'avant. Il se produit habituellement lors d'un accident de voiture. Peu après l'accident, vous ressentez une douleur à la pression dans le cou qui s'étend à la tête et s'intensifie avec les mouvements du cou.

Habituellement, cette douleur s'apaise après quelques semaines, mais lorsqu'elle persiste, le « syndrome du coup de fouet » se développe. La céphalée généralisée s'intensifie à la marche et elle est exacerbée par l'épuisement physique ou mental. Bien que certains mouvements du cou intensifient la douleur, d'autres la soulagent. Certaines personnes souffrent de symptômes comme les étourdissements, les bourdonnements d'oreilles, le mal de gorge, la perte de mémoire, la difficulté de concentration et la fatigue.

On le traite avec le repos, des analgésiques, un collet cervical et la physiothérapie. De nombreuses personnes portent le collet trop longtemps, ce qui empêche leurs muscles de reprendre leur force et de guérir complètement.

L'hypertension

La pression artérielle augmente souvent avec l'âge et l'on ignore la cause. Dans la plupart des cas, une augmentation modérée ne cause pas de céphalée. Néanmoins, une forte hypertension peut causer des céphalées qui s'atténuent lorsque la pression diminue. Si votre céphalée est due à l'hypertension, habituellement elle est de nature pulsatile et se situe à l'arrière de la tête. Elle est présente à l'éveil. Vous pouvez surveiller votre pression à la maison, bien qu'il soit préférable de la faire vérifier par un médecin. Au besoin, il peut prescrire des médicaments pour la réduire.

Les tumeurs cérébrales

Les céphalées sont rarement le premier signe d'une tumeur. En outre, les symptômes se développent progressivement et s'aggravent, contrairement à la migraine, de nature épisodique, dont les symptômes se manifestent seulement au cours des accès. Si vous remarquez un changement soudain dans le profil ou la durée de vos céphalées habituelles ou que vous éprouvez de nouveaux symptômes, consultez votre médecin sans tarder.

POINTS CLÉS

- Les céphalées peuvent provenir de muscles rigides et douloureux, en particulier du cuir chevelu, de la mâchoire, du cou, des épaules et du haut du dos.
- Les céphalées peuvent être liées au stress ou à une gueule de bois.
- Les céphalées découlent parfois d'une blessure liée à un sport ou d'un traumatisme crânien.
- Certaines personnes sont sujettes aux céphalées la fin de semaine, peut-être à cause d'un changement de routine.
- Les céphalées peuvent survenir en raison de problèmes oculaires, dentaires, de la moelle épinière, d'une sinusite ou de l'hypertension.
- Les céphalées indiquent rarement la présence d'une tumeur cérébrale.

Questions et réponses

Est-ce que la migraine cause des lésions à long terme ?
Rien ne prouve formellement que les fréquents accès de migraine causent des lésions cérébrales permanentes. Les migraineux sont habituellement en bonne forme physique et se portent bien entre les accès, à moins de souffrir d'autres problèmes médicaux ou psychiatriques. Certains médecins sont d'avis que la migraine peut vous protéger en vous obligeant à éviter une accumulation de stimulus qui pourraient être nocifs pour votre santé.

Est-il vrai que les migraineux courent plus de risques d'être victimes d'un AVC ?
La plupart des études laissent croire que les jeunes migraineux sont légèrement plus à risque, mais le risque absolu est minime. Moins de 6 femmes sur 100 000 âgées de 20 ans sont victimes d'un AVC. Il est difficile d'établir un lien avec certitude, car l'AVC est très rare dans le groupe d'âge le plus touché par la migraine.

Néanmoins, certains facteurs de risque, comme le tabagisme, surtout chez les femmes qui utilisent un contraceptif oral, augmentent légèrement le risque d'un AVC. Le tabagisme présente un risque beaucoup plus important que la migraine.

Pourquoi mon médecin ne me fait-il pas subir de tests pour la migraine ?
Aucun test ne peut confirmer un diagnostic de migraine. Il se fait habituellement à partir de la description de vos accès. S'ils sont typiques de la migraine et que l'examen médical est normal, vous n'avez pas besoin d'un examen plus approfondi.

J'aimerais me mettre en forme, mais chaque fois que j'entreprends un programme d'exercice, je me réveille avec une migraine le lendemain. Que puis-je faire ?
Les études démontrent que les gens en forme sont moins susceptibles de souffrir de migraine. L'exercice régulier procure de nombreux bienfaits à votre organisme et à votre esprit. Malheureusement, si vous essayez de vous mettre en forme, les choses peuvent empirer avant de s'améliorer. Si vous faites peu d'exercice, une activité physique vigoureuse peut occasionner de la raideur et des douleurs musculaires et déclencher des accès de migraine. Cela dit, il n'y a aucune raison de ne pas faire d'exercice.

Vous pouvez prévenir la douleur si vous faites de l'exercice régulièrement et modérément en fonction de votre forme au départ. Les étirements au début et à la fin d'une séance d'entraînement peuvent détendre les muscles, comme un bain chaud ou un sauna.

Les crèmes formulées pour réchauffer les muscles en profondeur ou les coussins chauffants peuvent aussi apporter un soulagement.

De nombreuses personnes commencent un programme d'exercices en même temps qu'une diète, ce qui peut être un déclencheur supplémentaire. Il est important de bien manger et surtout d'éviter les régimes de famine.

Je voyage souvent pour des raisons de travail et les longs voyages en avion déclenchent toujours une migraine. Que puis-je faire ?
Le voyage est un déclencheur de migraine courant pour plusieurs raisons. Tout d'abord, le stress des préparatifs (ranger votre bureau au travail, faire le ménage à la maison, faire vos bagages, etc.) et du voyage (transporter des valises lourdes, les repas sautés, le manque de sommeil, le décalage horaire et les changements de climat).

Ensuite, les vols sont associés à la réduction d'oxygène dans l'air circulant, à la déshydratation, aux heures de repas irrégulières et au fait d'être assis à l'étroit pendant plusieurs heures. La planification peut aider. Emportez quelques collations, évitez l'alcool, buvez beaucoup de liquide (emportez une bouteille d'eau minérale plate) et marchez dans l'avion régulièrement.

J'ai des accès de migraine deux ou trois fois par semaine. Est-ce que je souffre d'algie vasculaire de la face ?
Il s'agit plutôt de migraine épisodique, à ne pas confondre avec l'algie vasculaire de la face, car celle-ci est très différente. La migraine est une céphalée épisodique où les symptômes se manifestent uniquement au moment des accès et durent environ de un à trois jours. La fréquence des accès varie, mais en moyenne, ils se produisent aux deux à huit semaines. L'algie vasculaire est beaucoup plus rare. Les accès peuvent survenir tous les jours, souvent la nuit, pendant plusieurs semaines. Les céphalées durent de une à deux heures, toujours du même côté de la tête.

La distinction est importante, car le traitement est très différent. Les gens qui souffrent de plusieurs « migraines » par semaine souffrent en plus d'une céphalée qui s'ajoute à leur migraine habituelle. Dans ces cas, on doit établir un diagnostic pour chaque céphalée pour la traiter efficacement.

J'utilise un triptan depuis plusieurs années et il est très efficace. Le dépliant fourni avec les comprimés indique que je ne dois pas en prendre si j'ai plus de 65 ans. Est-ce que je devrai cesser de le prendre ?
Les triptans provoquent la constriction des vaisseaux sanguins de votre tête qui se dilatent au cours de la migraine, d'où leur efficacité. Cependant, les vaisseaux malades comme ceux du cœur peuvent aussi être atteints, ce qui n'est pas un problème pour les personnes jeunes, en forme et en bonne santé.

À mesure que les gens vieillissent, il se forme des dépôts dans leurs artères, ce qui entrave le flux sanguin. Ce processus porte le nom d'athérosclérose et il est lié à un risque accru d'AVC et de crise cardiaque. On doit donc éviter les médicaments qui rétrécissent davantage les vaisseaux. De toute évidence, certaines personnes sont plus à risque d'athérosclérose que d'autres, mais il n'est pas toujours facile de déterminer qui peut être atteint. En conséquence, on recommande aux personnes plus âgées d'éviter les triptans.

Mon médecin me conseille de ne pas prendre d'analgésiques tous les jours, car ils causent mes céphalées et il me prescrit un médicament différent à prendre tous les jours. Je ne comprends pas pourquoi.
On ne doit pas prendre de médicaments symptomatiques plus de deux ou trois jours par semaine pour traiter les symptômes de la migraine ou des céphalées. On sait maintenant que si vous prenez des analgésiques

ou des triptans presque tous les jours, cela peut engendrer des céphalées quotidiennes, qui ne s'atténuent que lorsque vous cessez de prendre les médicaments.

Si vos céphalées sont fréquentes, le médecin vous prescrira un type de médicament différent, à prendre tous les jours, qui prévient les accès plutôt que de les traiter. Leur mode d'action est différent.

Auparavant j'avais des accès de migraine une fois tous les deux mois, mais depuis l'année dernière, les accès sont de plus en plus fréquents. J'en souffre tous les jours et rien ne me soulage. Puis-je prendre un médicament plus fort ?
Les céphalées quotidiennes ne sont pas les mêmes que celles qui sont associées à la migraine et doivent être traitées différemment. En outre, les médicaments qui soulagent vos symptômes ne traitent pas la cause et peuvent aggraver votre état. Un médicament plus fort ne serait pas approprié.

Une fois les causes sérieuses exclues, vous pouvez cesser de prendre des analgésiques tous les jours. En soi, cela devrait atténuer votre céphalée. Toute autre céphalée doit faire l'objet d'un diagnostic puis être traitée de façon appropriée.

Pendant combien de temps devrai-je prendre les comprimés tous les jours pour prévenir la migraine ? Est-ce que je devrai en prendre toute ma vie ?
La plupart des médicaments préventifs pour la migraine ne demandent que quelques mois pour briser le cycle des accès fréquents. Habituellement cela suffit, mais si les accès surviennent à nouveau lorsque vous diminuez la dose, il peut être nécessaire de revenir à la dose initiale pendant quelques mois de plus.

Si vous prenez les médicaments pendant une période prolongée, des effets secondaires peuvent s'accumuler et créer de nouveaux problèmes. C'est pourquoi on associe l'arrêt des médicaments à ses bienfaits ! Vous devrez peut-être répéter les traitements préventifs si la fréquence des accès augmente.

Je ne suis pas déprimé, mais mon médecin m'a prescrit des antidépresseurs pour traiter ma migraine. Pour quelle raison ?
La plupart des médicaments qui traitent la migraine sont aussi utilisés pour d'autres raisons médicales. On a souvent recours aux antidépresseurs, en particulier l'amitriptyline, pour prévenir les accès de migraine. Ils agissent sur la sérotonine, une substance chimique qui a des effets à la fois sur la migraine et la dépression. Par conséquent, même si vous n'êtes pas déprimé, ces médicaments peuvent être très efficaces.

Ma tension artérielle est normale, mais mon médecin m'a prescrit le même médicament que celui que ma mère prend pour son hypertension. Pour quelle raison ?
Plusieurs études ont montré que certains médicaments utilisés pour traiter l'hypertension sont aussi efficaces pour prévenir la migraine, mais on ignore pourquoi. Il est peu probable qu'il y ait un rapport avec leur effet sur la pression artérielle, car les doses nécessaires sont beaucoup plus faibles pour la migraine.

Ma migraine a-t-elle une origine génétique ?
On croit généralement que la migraine est héréditaire et qu'elle se transmet de mère à fille. Les chercheurs ont tenté d'établir un lien génétique en étudiant les jumeaux monozygotes, qui ont exactement les mêmes

gènes. Si les gènes hérités sont la seule cause de la migraine, les deux jumeaux doivent en souffrir ou aucun des deux. Les études montrent que cela n'est pas toujours le cas, ce qui laisse croire que des facteurs environnementaux, comme votre façon de réagir aux déclencheurs possibles, jouent aussi un rôle important. La migraine est tellement courante qu'il est très probable qu'au moins un membre de la famille en souffre sans qu'il s'agisse d'hérédité.

Comment aider le médecin à vous aider ?

Avant la consultation

Si vous avez pris quelques notes, elles vous seront d'un grand secours. Tenez un journal de vos céphalées pendant plusieurs semaines, en indiquant le moment des céphalées (heure du début, durée), vos autres symptômes et les dates de vos règles si vous croyez qu'il y a un lien.

Les antécédents médicaux

Votre médecin doit d'abord décider de quel type de céphalée il s'agit. Pour ce faire, il ou elle devra savoir à peu près quel âge vous aviez au moment où elles sont apparues, connaître leur fréquence, leur durée et quels sont vos symptômes. Votre médecin pourra alors établir un profil de vos céphalées. Cela est important, car il n'existe aucun test spécifique pour le diagnostic de la migraine ou la plupart des autres céphalées. Son diagnostic dépend donc surtout de votre description.

Si votre médecin décide que vous souffrez probablement de migraine, il ou elle cherchera des moyens de vous aider à la gérer. On vous demandera ce que vous avez déjà tenté. Il est donc utile de prendre des notes, sinon vous oublierez certainement un détail ! Notez les changements que vous avez apportés à votre style de vie, si oui ou non ils vous ont été efficaces, les changements relatifs au stress, au sommeil, à d'autres déclencheurs. Indiquez tout ce qui a trait aux comprimés, aux suppositoires, aux inhalateurs ou aux injections; sur les médecins, les physiothérapeutes, les chiropraticiens, les ostéopathes, les phytothérapeutes, les homéopathes et les hypnotiseurs que vous avez consultés, et la liste s'allonge !

Votre médecin vous posera des questions sur votre bien-être en général et vos maladies passées.

Le traitement et les conseils

Si vous souffrez seulement de migraines, vous le saurez à cette étape de la consultation; si vous souffrez d'un mélange de céphalées ou si leur description ne laisse pas entrevoir un diagnostic immédiat, vous devrez peut-être tenir un journal détaillé de vos symptômes pendant plusieurs semaines avant votre rendez-vous de suivi. Cela peut aider votre médecin à poser un diagnostic.

On ne peut guérir la migraine, ce qui est triste mais qui fait partie de la vie. Heureusement, il existe de nombreuses façons de soulager vos symptômes en réduisant le nombre d'accès et en déterminant des traitements plus efficaces. Les détails de la gestion de votre migraine dépendront de vos besoins particuliers, mais en général, le premier pas consiste à réduire le nombre de migraines et à déterminer vos facteurs déclencheurs.

Si ces mesures simples ne sont pas efficaces, votre médecin discutera avec vous des médicaments préventifs, qui doivent être pris quotidiennement, et des médicaments qui traitent les accès. À la fin de la consultation, votre médecin en clinique transmettra un résumé de votre état et proposera des moyens de gestion à votre médecin de famille.

Vous devrez habituellement revenir dans les trois mois, mais cela dépend de la fréquence de vos accès et de votre cas personnel.

Les consultations de suivi

Il n'est pas toujours possible d'établir un diagnostic lors de la première visite. Après plusieurs consultations et avec l'aide de votre journal, votre médecin peut vous donner d'autres conseils et, au besoin , ajuster votre traitement. Par ailleurs, si vous ne souffrez pas de migraines, il peut vous référer à un centre qui traite votre type de céphalée.

Après quelques consultations, si tout va bien, de nombreux patients n'ont plus besoin de revenir à la clinique, car ils vont beaucoup mieux. Ils sont heureux de savoir qu'ils peuvent revenir au besoin, ce que ni le patient ni le médecin ne souhaitent.

Vos idées

Les médecins de la clinique sont toujours intéressés à connaître vos inquiétudes. Ne vous en faites pas ! Quelques mots d'explication peuvent vous épargner beaucoup d'inquiétudes plus tard. Faites-nous part de toutes vos idées. Cela peut nous aider dans nos recherches et nous aider à mieux comprendre les céphalées.

Les recherches et les publications

Le personnel médical des cliniques entreprend des projets de recherche; leurs résultats et leurs conclusions sont publiées dans les revues médicales. Un comité d'éthique indépendant a évalué tous les essais cliniques avant leur début. Les patients ne sont pas admis aux essais sans une autorisation écrite.

Ils ont été pleinement informés de ce que leur participation demande. Ils sont libres d'abandonner en tout temps. La participations aux projets de recherche ne change rien à vos soins médicaux habituels, bien que souvent, ils vous donnent rapidement accès aux nouveaux traitements.

Index

Vos pages

Nous avons inclus les pages ci-après en vue de vous aider à gérer votre maladie et son traitement.

Avant de fixer un rendez-vous avec votre médecin de famille, il serait utile de dresser une courte liste des questions que vous voulez poser et des choses que vous ne comprenez pas afin de ne rien oublier.

Certaines des sections peuvent ne pas s'appliquer à votre cas.

Soins de santé : personnes-ressources

Nom :

Titre :

Travail :

Tél. :

Nom :

Titre :

Travail :

Tél. :

Nom :

Titre :

Travail :

Tél. :

Nom :

Titre :

Travail :

Tél. :

Antécédents importants – maladies/opérations/recherches/traitements

Événement	Mois	Année	Âge (alors)

Rendez-vous pour soins de santé

Nom :

Endroit :

Date :

Heure :

Tél. :

Nom :

Endroit :

Date :

Heure :

Tél. :

Nom :

Endroit :

Date :

Heure :

Tél. :

Nom :

Endroit :

Date :

Heure :

Tél. :

Rendez-vous pour soins de santé

Nom :

Endroit :

Date :

Heure :

Tél. :

Nom :

Endroit :

Date :

Heure :

Tél. :

Nom :

Endroit :

Date :

Heure :

Tél. :

Nom :

Endroit :

Date :

Heure :

Tél. :

Médicament(s) actuellement prescrit(s) par votre médecin

Nom du médicament :

Raison :

Dose et fréquence :

Début de l'ordonnance :

Fin de l'ordonnance :

Nom du médicament :

Raison :

Dose et fréquence :

Début de l'ordonnance :

Fin de l'ordonnance :

Nom du médicament :

Raison :

Dose et fréquence :

Début de l'ordonnance :

Fin de l'ordonnance :

Nom du médicament :

Raison :

Dose et fréquence :

Début de l'ordonnance :

Fin de l'ordonnance :

Autres médicaments/suppléments que vous prenez sans une ordonnance de votre médecin

Nom du médicament/traitement :

Raison :

Dose et fréquence :

Début de la prise :

Fin de la prise :

Nom du médicament/traitement :

Raison :

Dose et fréquence :

Début de la prise :

Fin de la prise :

Nom du médicament/traitement :

Raison :

Dose et fréquence :

Début de la prise :

Fin de la prise :

Nom du médicament/traitement :

Raison :

Dose et fréquence :

Début de la prise :

Fin de la prise :

Questions à poser lors des prochains rendez-vous

(Note : N'oubliez pas que le temps que peut vous consacrer votre médecin est limité. Il est donc préférable d'éviter les longues listes de questions.)

Questions à poser lors des prochains rendez-vous

(Note : N'oubliez pas que le temps que peut vous consacrer votre médecin est limité. Il est donc préférable d'éviter les longues listes de questions.)

Notes

Notes

Notes

Notes